KB272112

희망 멘토 11인의

백수 탈출기

희망 멘토 11인의
백수 탈출기

인생은 결과가 아니라 과정이다

'비 맞는 친구에게 우산을 주는 친구도 좋은 사람이지만, 같이 비를 맞으며 걷는 친구야말로 진짜 친구다.'

언젠가 지하철에서 본 글인데 읽는 순간 뜨끔했다. 나는 도움을 주는 사람인가, 아니면 같이 아파하는 친구인가? 다행히도 이 책의 저자들은 모두 백수 시절을 몸소 겪으며 서러움의 비, 외로움의 비를 맞은 분들이다. 그러기에 위기에 처한 젊은 이들에게 이성적인 지혜는 물론 감성적 위로도 충분히 전달되리라 믿는다.

백수의 어려움, 청춘의 어려움이라도 사람마다 다 다르고 그 처방법도 다 다르리라. 그러나 분명한 진리가 있다.

첫째, 바닥이 꼭 나쁘진 않다는 것. 친구는 잘나가는데, 내 또래들은 공무원으로 대기업 사원으로 잘 풀리는데, 나만 이게 뭔가. 백수, 백조, 인생 바닥이다. 울화통이 나고 한숨이 나온다. 그러나 역으로 생각해보자. 바닥이 과연 나쁘기만 할까? 바닥이란 건 다시 말하면 오를 일만 남은 것이다. 앞으로 어떤 삶이 다가온다 해도 지금보단 낫다. 그래서 당신에겐 웃을 일만 남았다.

둘째, 세상에 공짜는 없고 기회는 공평하다는 것. 로또에 당첨돼 공돈을 얻으면 훗날 그에 대한 대가를 톡톡히 치르는 걸 자주 본다. 반대로 백수의 고통을 경험한 사람들은 훗날 그 덕분에 성공의 에너지를 얻는 경우가 많다. 바닥에 있는 힘껏 아프게 부딪친 공이 더 많이 튀어 오른다. 아픔을 겪은 조개가 진주를 생산한다. 추위를 이겨낸 씨앗만이 봄의 꽃과 가을의 열매를 얻는다.

대부분의 사람은 조삼모사(朝三暮四)의 예에서 보듯 이익을 먼저 취하려 하지만 이는 미련한 짓이다. 인생은 결과가 아니라 과정이다. 하나하나 이루어나가는 재미야말로 인생 최고의 쾌감이요 보람이다. 누구나 인생에서 세 번의 기회가 온다. 아픔을 먼저 겪었기에 그 기회를 잘 활용할 수 있으리라. 한 번 크게 웃고 젊어서의 고생에 감사하자.

셋째, 그 기회는 준비하는 자가 잡을 수 있다는 것. 당신은 또래나 친구보다 더 큰 아픔을 겪었기에 내면에 더 많은 에너지가 형성돼 있다. 눈 크게 뜨고 정신 바짝 차리고 살자. 몸이 재산이다. 달리기를 하고 아령을 들어라. 기회가 왔을 때 체력이 뒤처지지 않도록 운동하라.

배워야 산다. 독서를 해라. 하루 한 가지씩 새로운 지식을 익히고 깨달음을 얻어라. 똑같은 서러움을 다시 겪지 않도록 온 힘을 쏟아라. 백수 시절의 서러움을 뼈에 새겨라. 주마가편(走馬加鞭), 나태해질 때마다 그 서러움을 반추하며 힘을 내라. 스스로에게 박수를 치고 파이팅을 외치자.

폼 나게 살기, 의미 있게 살기는 모든 젊은이, 아니 우리 모두의 꿈이다. 젊어서 아픔을 겪은 당신들이야말로 그렇게 살 것이다. 이 책의 여러 저자들의 이야기를 통해 동기부여를 얻고, 공통점과 해결책을 찾아, 목표를 향해 빛나게 전진하는 미래의 여러분 모습에 가슴이 쿵쾅거린다.

2011년 10월
한국유머센터 대표 **김 진 배**

Contents

조우종 KBS 아나운서

저자는 어린 시절 막연하게 품었던 아나운서의 꿈을 이루기 위해 오랜 방황을 털고 공부를 시작했다. 하지만 첫해. 방송 3사 아나운서 시험을 비롯한 모든 시험에서 전부 불합격 통보를 받았다. 구립도서관의 문턱이 닳도록 드나들며 준비했지만, 곧 끝날 것 같았던 백수생활은 3년이라는 시간이 흘러서야 종지부를 찍을 수 있었다. 그는 KBS 공채 31기 아나운서가 되어 퀴즈 대한민국, 위기탈출 넘버원, 여유만만, 무한지대 큐 등 다수의 프로그램을 진행하고 있다.

절망은 용기 앞에서 아무것도 아니다!

조우종 KBS 아나운서

절망은 용기 앞에서 아무것도 아니다!

조우종 KBS 아나운서

지금부터 써 내려가는 내 이야기는 섣불리 여러분을 위안하기 위한 것이 아니다. 나처럼 해보라는 얘기는 더더욱 아니다. 단지, 누구나 삶을 살아가면서 이런저런 경험을 하며 살아간다는 것을 이야기하고 싶었다. 다른 삶의 주인공들과 자신을 비교해보는 것은 삶의 주인공으로서 좀 더 자신을 되돌아볼 기회를 준다고 생각하기 때문이기도 하다. 남들은 어떤 모습으로 살아가고 또 어떤 모습에서 희로애락을 겪는지 공감해보길 바라는 마음이다.

시간을 죽이는 아웃사이더

나는 중학교 때까지는 학업성적도 우수하고 인물도 그럭저러 괜찮은, 말 그대로 준수한 학생이었다. 그러나 고등학교에 진학하고부터 많은 것이 달라졌다. 돌이켜보면 그때가 사춘기의 시작이었다.

종종 학교 수업을 빼먹고 일탈을 즐겼고 괜한 일로 아이들과 싸움도 자주 하고 다녔다. 모범적인 학생과는 거리가 먼 그저 그런 학생이었다. 그렇다고 공부를 아주 놔버린 것은 아니었다. 적어도 하는 시늉은 했다.

"쯧쯧. 동생은 전교에서 알아주는 수재인데, 형은 왜 저럴까?"

주변에서 남동생과 비교하며 내뱉는 말에 반발심이 생겨 공부가 하기 싫었던 적도 많았다. 그때는 왜 그렇게 그런 말들이 듣기 싫고 삐뚤게 행동했는지 모르겠다. 당연히 성적이 좋을 리 만무했고, 고2 때는 수리영역을 포기하기에 이르렀다. 그런데 운좋게도 눈치작전이 성공해 얼떨결에 대학에 진학할 수 있었다.

1학년 때는 재수를 하네 마네, 겉멋이 들어 아웃사이더로 전락하면서 1학년 1학기 학점이 0.87로 '꼴등'이었다. 그때까지도 나는 여전히 사춘기 소년을 벗어나지 못하고 있었다.

대부분의 한국남자가 인생의 전환점으로 군대를 생각하듯

이 나 또한 그랬다. 그래서 바로 입대했다. 하지만 최전방 동부 전선에서 복무한 나는 그곳에서 받은 정신적 학대와 구타에 더욱더 세상과 사람에 대해 반감만 품게 되었다. 그리고 그 상처를 고스란히 간직한 채 제대를 했다.

제대 후 복학은 했지만, 이전과 별반 다를 게 없었다. 남들은 제대할 무렵이 되면 복학 스트레스에 장차 취업 스트레스까지 겹친다고 하던데 나는 그렇지도 않았다. 그저 복학해서 뭐 하고 놀까만 궁리하던, 정말이지 건달 같은 학생이었다.

준비되지 않은 막연한 꿈

마냥 여유만만하게 대학 시절을 보내다 보니, 눈 깜짝할 새 졸업이 다가오고 있었다. 대학 4학년이 돼서야 비로소 취업 준비를 시작했지만 크나큰 결심이 섰다거나 해서 한 것은 아니었다. 그냥 어렴풋이 '아 이제 나도 졸업이구나.' 정도의 생각뿐이었다.

취업을 위한 준비라고 해봐야 고작 토익시험 정도였다. 구체적으로 무엇을 어떻게 준비해야 하는지는 몰랐지만 막연하게 하고 싶은 일은 있었다.

나는 어릴 때부터 소풍이나 야영을 가면 자주 진행을 맡아 사회를 보면서 장기자랑을 하는 친구들을 소개했고 그런 일을 좋아했다.

"우종이는 목소리가 참 좋아. 나중에 아나운서가 되면 어떻 겠니?"

선생님께서는 내게 그런 말씀을 하시며 아나운서를 권하셨 다. 아나운서에 대해 아는 것은 없었지만 초등학교 때부터 막 연하게 아나운서가 되어 방송을 하고 싶단 마음은 갖고 있었 다. 하지만 구체적으로 무엇을 어떻게 해야 하는지 몰랐고, 알 기 위한 노력도 하지 않았다. 한마디로 눈 뜬 장님이었다.

가끔 지인들로부터 내 딸이, 내 아들이, 혹은 내 조카가 아나 운서가 되고 싶어 한다면서 상담 한 번 해달라고 부탁해올 때 가 있다. 그런데 이렇게 해서 만나 본 학생들 대부분이 실망스 러울 정도로 아나운서라는 직업에 대해 모르고 있었다.

그들은 아나운서가 하는 일이 무엇인지, 기자와 아나운서의 차이는 무엇인지 알지 못했으며, 뉴스앵커는 죄다 아나운서가 하는 것으로 알고 있어 한숨이 절로 나왔다. 5살 어린 아이가 텔레비전에 나오는 로봇이나 공룡을 보고, "나는 커서 공룡 로 봇이 될 테야." 하는 것처럼 "어라! 저거 괜찮은데 나도 아나운 서나 한번 해볼까?" 해서 부모님께 거창한 장래희망을 고백한 학생들이 대부분이었다.

심지어 아나운서 시험에 합격해서 활동하고 있거나 활동했던 아나운서 중에도 마치 본인이 연예인처럼 행동하거나, 아니면 연예인이 되고 싶었는데 집안의 반대가 심해서 할 수 없이 아나운서가 되었다는 식의 논리로 아나운서라는 직업을 폄하하는 사람들이 있다.

나는 독설가는 아니지만, 그런 분들에게는 "나는 아나운서다."라고 말할 자격이 없다고 당당히 애기할 수 있다.

어쨌든 다시 본론으로 돌아가서, 나야말로 참 한심한 사람이었다. 장래에 대한 고민도 없고, 비전도 보이지 않고, 노력하려는 의지조차도 없는, 그렇다고 집안 배경이 좋아서 놀면서도 밥 먹고 살 수 있는 것도 아니었다.

680점에서 950점까지

졸업식이 있던 날, 졸업식엔 참석하지 않은 채 당당히 백수 1일 차를 기념하며 소주를 세 병이나 마시고 집으로 오던 중이었다. 그런데 정말 갑자기, 문득 스치고 지나간 생각이 있었다.

'이렇게 살다간 나중에 정말 쓰레기가 되어버릴 것 같다.'

그날 처음으로 인생에 눈을 뜬 것일까? 이미 초, 중, 고, 대학교까지 성공은 없었으니 이제 인생 다시 시작하는 셈 치고 무언가를 해봐야겠다는 결심이 처음으로 생긴 것이다.

어느 책에선가, 세상 사람들의 87% 정도가 아무런 목표나 비전 없이 살아가고, 단지 10% 정도의 사람들만 뚜렷한 목표를 가지고 살아가고 있으며, 오직 3%의 사람들만이 그 목표에 대한 청사진을 갖고 살아간다는 내용을 읽은 적이 있다. 그러니까 나는 그날, 87%에서 10%로의 진입을 이루게 된 것이다.

그러나 결심이 섰다고 해서 그때부터 일사천리로 일이 술술 풀려 꿈을 이뤘다는 만화 같은 이야기는 세상에 없다. 해야 할 것이 너무나도 많았고, 놀았던 세월이 길었기 때문에 회복도 더뎠다.

680점. 대학교 4학년 때 처음 본 내 토익시험 점수다. 언론사에 입사하려면 900점 이상은 받아야 한다는 선배의 말을 듣고, 이후 토익의 '토' 자만 들어도 정말 토가 나올 정도로 시험을 자주 봤다. 30번 정도 시험을 봤고 모의 토익까지 합하면 100번도 넘게 봤다.

실제 시험을 가상해 하루에 2회씩 시험을 보고 점수를 뽑아보고, 하루에 8시간씩 정말 무식하게 토익만 팠다. 그렇게 받은 최종점수가 950점이었다. 그 점수를 받고 얼마나 행복했는지 모른다. 그저 마냥 좋았다. 900점만 넘기자고 시작했던 공부였는데 월등히 높은 점수가 나왔으니 말이다. 물론 쉽지 않았고, 895점만 연속으로 5번 받은 적도 있었다. 그러나 결국 하나의 작은 목표는 달성했고, 조금이나마 성취감을 느낄 수 있었다.

　그런데 결과론적으로는, 토익점수는 아나운서가 되는 데 별로 중요하지 않은 항목이었다. 씨름경기에서 무승부가 됐을 때, 몸무게가 상대적으로 덜 나가는 선수가 승자가 되듯이, 극히 드문 경우지만 필기시험에서 동점자가 나왔을 때 토익점수가 더 높은 쪽이 합격자가 되는, 나에게는 전혀 영향을 미치지 못했던 그런 것이었다. 그렇게 시행착오는 계속되었다.

청춘을 불사른 구립도서관

　시중에 나와 있는, 소비자의 취향이나 책의 무게를 전혀 고려하지 않은 상식 책, 언론고시생이라면 누구나 3번 이상은 탐독하고 암기해야 한다는 그 책. 그러나 나는 그 전화번호부만큼 두꺼운 책을 통째로 암기하는 두 번째 바보 같은 짓은 하지 않았다. 아니, 사실 자신이 없었다.

　대신에 나는 신문을 봤다. 아침 8시에 도서관에 도착하면 신문 세 개를 펼쳐 필기하면서 정리했다. 약 2시간 반이 걸린다. 꼬박 2년을 그랬으니 지금 생각하면 '내가 정말 위대한 일을 해냈구나.' 라는 생각에 스스로 대견하다. 나를 잘 알기에 더더욱 그렇다.

　오후에는 작문시험을 위해 글을 두 편 정도 쓰고, 국어공부를 했다. 그리고 남는 시간에는 도서관에 있는 책들을 마음껏 읽었다. 공부를 안 하고 있어도 책보는 시간만큼은 불안감이 들지 않았기 때문에 거의 하루 한 권씩은 읽었던 기억이 난다.

역사를 좋아했던 나는 1920년대부터 1980년대까지의 장엄한 한국 근·현대사가 그렇게 좋을 수가 없었다. 그래서 당시에 근·현대, 장·단편을 모조리 섭렵했다. 한때는 심리학과 철학에 빠져 프로이트, 융, 비트겐슈타인을 숭배하며 관련 책들도 다 읽었다.

분명한 것은, 독서는 인생에서 결코 빼놓을 수 없는 매우 중요한 일이라는 것이다. 실제 생활에도 많은 도움을 주며 물론 방송을 진행함에 있어서도 마찬가지다. 가끔 생방송 도중에 나오는 애드리브도 그때 읽은 책에서 본 내용을 자주 인용한다.

매일매일 혼자 도서관에서 점심과 저녁을 먹었다. 한 끼에 3천 원 하는 도서관 백반. 많은 사람이 혼자 밥 먹는 것이 힘들다고 말하는데, 왠지 몰라도 나는 혼자 밥 먹는 일이 별로 힘들지도 외롭지도 않았다. 그래서 항상 삼삼오오 무리를 지어 밥을 먹는 사람들 사이에서도 밥 먹는 시간이 행복하다고 느껴졌다. 남들이 보면 혼자 꾸역꾸역 잘도 먹는다고 했을지 모를 일이지만 말이다.

잠깐잠깐 느낄 수 있는 커피 한 잔의 여유도 도서관이 주는 낭만이었다. 남들이 보기엔 힘든 백수생활일지 몰라도 나는 나름

그 생활을 즐겼고, 삭막함 속에서도 즐거움을 찾으려 애썼다.

도서관에서 많은 사람을 만났다. 감정평가사 시험을 준비하던, 지금은 어디서 무얼 하는지 모르는 대학 후배, 사법고시를 준비하던 '백 원만' 아저씨. 백 원만 아저씨는 내가 붙인 아저씨의 별명이다. 사십 중반쯤 돼 보이는 그 아저씨는 항상 커피 뽑을 동전이 없어서 사람들에게 '백 원만' 하며 동전을 빌려 갔다. 하도 시험에 낙방해서였는지는 모르겠지만, 정상인이라고 하기엔 너무나 기인 같았던, 1차를 가볍게 통과하고 아주아주 정말 아깝게 2차에서 떨어진 것을 강조하던, 양말 신은 샌들에 다리털이 많던 반바지 아저씨는 지금 어떻게 되었을지 궁금하다. 다들 청춘이었다. 그렇게 그 청춘들은 수년을 구립도서관에 바쳤다.

그러고 나서 본 언론고시 첫해. 방송 3사 아나운서 시험을 비롯해 이름만 대면 아는 10대 일간지와 스포츠신문, 잡지사 등등 안 본 시험이 없었다. 거의 매주 일요일이면 이름도 모르는 고등학교에 가서 시험을 보곤 했는데, 보는 데마다 모조리 떨어졌다. 하나 정도는 붙을 만도 하건만 이건 뭐 보는 시험마다 다 불합격이었다.

아나운서 시험도 마찬가지였다. 그 해에 본 시험은 전부 다 불합격, 너무 쉽게 생각하고 있었다는 생각이 뼈저리게 들었다. 그렇게 나의 취업 첫해는 무수한 낙방 ARS 공지와 함께 지나갔다.

아나운서 최종면접, 그리고 그 후

완전한 백수가 되어 맞은 새해는 그다지 달갑지 않았다. 시간도 없었고, 더는 신문사까지 시험을 볼 여유가 없었다. 그래서 방송사 시험에만 집중하기로 마음 먹고, 방송 아카데미에 등록했다.

그런데 수업 첫날, 부푼 가슴을 안고 들어간 강의실에서 그날 강의를 맡으신 KBS 아나운서, 지금은 정년을 앞두신 실장님께서 나를 보며 말했다.

"자네는 아나운서 하기엔 좀 그런데 다른 방면을 알아보는 게 어떤가?"

"네? 선생님, 제가 부족한 게 뭔가요?"

"표정이 다소 부자연스럽네. 안경까지 쓰고 있으니 방송 화면에 적합하지 않은 얼굴일세."

수강 첫날부터 아나운서가 되기엔 적합지 않다니… 정말 좌절이었다.

그러나 한편으로는 오기가 생겼다.

'내가 왜 안 된다는 거지? 내 표정이 뭐가 어때서 나중에 아

나운서가 되어서 꼭 다시 찾아가야지.'

이런 다짐을 하며 더욱더 시험에 매진했고, 힘을 냈다. 아카데미 과정 6개월 동안 단 한 번도 결석하지 않았고, 수업이 없는 날도 찾아가 다른 반 수업을 청강하면서 연습했다. 오직 하나의 목표만 생각하며 연습하고 또 연습하길 반복했다. 입에서 단내가 날 때까지 뉴스원고를 낭독했고, 매시간 정시 라디오뉴스를 들으면서 동시 통역하듯이 따라 했다.

폐활량을 키우기 위해 매일 아침 페트병에 바람을 불어넣었다. 어색하다던 표정을 고치기 위해 아침에는 얼굴 근육운동을, 저녁에는 셀프카메라로 스스로를 녹화하며 표정연습을 했다. 그때 녹화한 화면을 지금 보면 정말 눈물이 날 정도로 허접하고 안쓰럽지만, 그 과정만큼은 헛되지 않았다. 살면서 그렇게까지 치열하게 무엇인가를 간절하게 원하고 또 그것을 얻기 위해 노력한 순간이 없었다.

그렇게 열심히 준비한 그해에 KBS 공채 아나운서 최종면접에 올라갔고, 사장단 면접만을 남겨두고 있었다. 당시에 현직 아나운서 선배가 말씀하길 최종면접은 합격 자격이 있는지 없는지 확인하는 단계이기 때문에 심각한 문제가 없는 한 대부분 합격할 수 있다고 해서 조금은 안심하고 있었다.

최종면접 날. 하나부터 열까지 꼼꼼하게 대비했던 나는 면접

위원들의 모든 질문에 완벽하게 답할 수 있었고, 예전과는 확실히 달라진 모습을 보여주었다. 이제 합격자 발표를 기다리는 일만 남아 있었다. 일주일을 기다리면서 초조함을 달래기 위해 조정래의 '태백산맥' 전권을 읽었다.

그리고….

나는 '정신적 자살'이라는 것을 실제로 경험했다. 몸만 살아 있을 뿐 마음은 죽어 있음을 느꼈다. 시험 준비 3년 반, 백수생활 2년 6개월째 되던 그때, KBS 아나운서 시험 최종합격자 명단에 내 수험번호가 없음을 확인하고 피시방 계단에 앉아 하염없이 울던 그날을 잊을 수가 없다.

집까지 걸어오는 길에 아이처럼 엉엉 울면서 왔던 그날이 지금 이 글을 쓰고 있는 순간에도 너무나 생생하다. 마지막 도전이라고 생각했다. 꿈이 무너지던 순간이었다. 이번이 마지막이고 반드시 합격할 거라고 확신했었기에 더욱더 죽고 싶었다.

최종면접에 단 두 명이 남아 있었기 때문에 설마 떨어지는 한 명이 내가 되리라고는 생각하지 않았다. 아니, 그건 상상할 수도 없었다. 그만큼 자신에 차 있었고 준비도 많이 했다.

아무 생각도 들지 않고 아무것도 할 수가 없었다. 두 달이 넘는 긴 전형기간, 이것 하나만 믿고 왔었기에 이젠 남은 시험도 없었다. 이미 백수생활을 2년 넘게 하고 있었기 때문에 인내심도 한계에 다다른 상황이었다. 나는 공부만 하는 마냥 백수였기 때문에 정말 그랬다. 다달이 아버지께서 주시는 용돈 삼십만 원이 내가 가질 수 있는 재산의 전부였다. 내 자신이 너무 밉고, 아들이 속상해할까 봐 방에도 들어오지 않고 쉬쉬하시는 부모님도 원망스러웠다. 차라리 혼이라도 내 주었으면. 친구들은 다들 취직해서 이미 2년 차, 3년 차, 4년 차인 친구도 있었다. 그때 나이 스물아홉. 오갈 데 없는 하얀 손, 외로운 청춘이 바로 나였다.

내 생애 처음 찾아온 성공

괴로운 시간도 흘러가기 마련인가. 또다시 살아야 했고, 다시 일어나야 했고, 무언가 시작해야 했다. 사람은 참 신기하다. 그렇게 슬프고 죽고 싶을 정도로 힘들었던 그 마음도, 시간이 지나고 나면 또다시 잊혀지고, 계절이 바뀌고 새싹이 돋아나는 것처럼 다시 도전하고 싶은 마음이 생겨난다.

그까짓 일 년, 인생 전체에서는 찰나일 뿐이라고 위로하면서 다시 준비를 시작했다. 도박성 짙은 결심이었고, 주위에서도 이제 포기하고 일반 회사에 원서를 넣어보라고 권유했지만, 내 뜻을 굽힐 수는 없었다. 그래서 더 열심히 일 년을 보냈다.

일 년은 힘들지 않게 흘러갔다. 그리고 희한하게도 그동안 그토록 절박하고 간절했던 그 마음도 눈 녹듯 다 사라졌다. 세상을 좀 더 넓게 볼 수 있었고, 욕심도 사라졌다.

그러고 나니 KBS는 나를 아나운서라는 이름으로 불러주었다. 마음을 비우고 임한 시험, 버릴 것도 채울 것도 없다고 여겼던 그때, 내게도 성공이 찾아왔고 그제야 나 자신을 놓아줄 수 있게 되었다. '성공', 그야말로 나에겐 성공이었다. 내 인생에 처음 찾아온 성공이라는 희열이 그동안의 열등감과 절박감을 이겨냈다. 그다지 특별하지 않았던 삶, 누구도 내가 아나운서가 될 것으로 생각하지 않는다는 것을 잘 알고 있었기에 그만큼 기쁨도 컸다. 그렇게 세상은 나에게도 삶의 기회를 주었다.

처음 뉴스를 진행하던 날, 너무 긴장한 나머지 화면이 돌아가는 것도 모르고 멍하니 있다가 자기소개로 뉴스를 시작했던 일도 있었다. 지금은 입사 7년 차 아나운서가 되어 방송도 많이 하고, 사람들이 얼굴도 알아보고, 가끔 사인도 부탁하고, 인터넷에는 팬클럽도 생겼다.

그러나 나는 이것이 인생의 완성이라고 생각하지 않는다. 고민도 많다. 최대의 고민은 한시바삐 행복한 가정을 꾸리는 것이다. 지금까지 숨 가쁘게 살아온 나를 조금은 쉬게 하고 이제 가족으로서의 나, 아들로서의 나, 남편으로서의 나를 만들어가기 위해 노력할 것이다.

꿈을 이루는 것, 정말 황홀한 일이다. 그러나 그 꿈은 계속 키워 나아가야 할 꿈으로 남겨야 한다.

용기를 내고 도전하기를!

"삶이 당신을 버릴지라도 의지로 낙관하고 이성으로 이겨내라." 식의 격려와 자기계발 서적, "나도 그랬었다." 식의 위안용 서적들. 이렇게 무수히 많은 자기계발 서적, 자기위안 서적에는 비슷한 내용의 글이 넘쳐난다. 취업문이 하도 좁다 보니 그럴 만도 하다.

이러한 책들을 읽다 보면 일단은 마음에 안도가 찾아오고 엄청난 동질감에 휩싸이면서, "그래 나도 다시 하면 되는 거야! 힘을 내자!" 이런 다짐과 함께 다시 공부나 취업면접에 대비하는 사람들이 많다.

그러나 나는 힘들 땐 그냥 힘들게 지내는 편이 낫다고 말하고 싶다. 힘든 걸 피해 가려 하거나, 쉽게 지나가려 한다면 그 후의 인생은 더 피곤하고 괴롭다. 힘든 현재를 참고 이겨나가야 나중에 좋은 결과가 있다. "내일부터 잘하자! 내일부터 시작하자!" 이런 말은 의미가 없다.

물론 구직 때문에 어려움에 부닥쳐 있는 취업준비생들에게는 많은 걱정이 있다.

"이렇게 살다가 평생 백수로 지내야 하는 게 아닐까?"

"내 인생, 누가 책임 좀 안 져 주나?"

"내년엔 공채가 없다는 말이 있는데 그럼 어떡하지?"

걱정 또 걱정, 이러다가 취직도 하기 전에 백발마녀가 되어 버릴 것만 같은 공포에 사로잡힌다. 이미 늙어버린 나를 보며, 더 늙어가고 계신 부모님을 보며 근심은 늘어만 간다.

나 역시 그런 힘든 시간을 거쳐 지금 원하던 직장을 얻어 일하고 있다. 취업을 준비하던 기간을 돌이켜보면 내가 참 대견스럽다는 생각이 먼저 든다. 그때만큼 삶에서 치열했던 시간이 없었고, 그 짧지 않은 시간이 지금의 나를 만들어놓았다고 생각하기 때문이다. 우리가 지금 느끼고 있는 그 걱정과 고통은 언젠가는 찾아올 것이기 때문에 고통 없이 그 과정을 돌파하는 것은 불가능하다.

여러분도 이제 막 인생의 첫 번째, 혹은 두 번째 막을 여는 시점을 맞고 있을지도 모른다. 나와 같은 시행착오와 좌절을 겪고 있을지 모르겠다. 세상이라는 험한 여정에 불려온 것 자체가 원망스러운 사람들도 있을 것이다.

그러나 세상을 거부하기에는 이미 나는 세상 속에 존재하고 있고, 또 세상은 나를 보고 들어오라고 강하게 손짓하고 있으니 도리가 없다. 그렇다면 그곳에 정면으로 뛰어들어 봐야 한다. 치열하게 한번 살아 봐야 한다.

결단을 내릴 때도 한 번은 찾아온다. 모두 여러분이 짊어져야 할 짐이다. 거부하지 말고 정면으로 다가가 맨주먹으로 도전해야 한다.

단지 돈을 위해서 일을 찾는 것이라면 당장 그만두라고 말하고 싶다. 내가 원하고, 또 남들보다 더 잘할 수 있는 일을 찾으라고 권하고 싶다. 우리에겐 선택이 필요하다. 아직 세상은 여러분에게 많은 길을 열어놓고 기다리고 있다는 것을 잊지 말아야 한다.

나는 '간절히 원하면 이루어진다.'는 말을 믿지 않는다. 간절히 원하되 그것을 얻기 위한 노력을 하지 않는다면, 단지 기도만으로는 꿈을 이룰 수 없다는 것을 경험했기 때문이다.

오늘도 꿈을 키워가는 당신이 존경스럽다. 그리고 내일은 꿈에 한 걸음 더 다가갈 당신을 응원한다!

이동형 ㈜나우프로필 대표

저자는 대학을 졸업하고 소백산 중턱의 고향 집으로 돌아가 백수생활을 시작했다. 나름대로는 이유 있는 백수생활이었지만 앞이 안 보이는 답답함으로 1년 뒤에는 취업을 선택했다. 그러다 정들었던 첫 직장을 박차고 나온 것은 싸이월드를 창업하기 위해서였다. SK커뮤니케이션즈 상무이사를 거쳐 몇 년 전 ㈜나우프로필을 창업한 그는 다시 백수 시절처럼, 신입사원 시절처럼, 또 싸이월드 초창기처럼 새로운 도전을 시작했다.

백수 시절은 삶의 미션을 찾는 시간이다

이동형 ㈜나우프로필 대표

1. 세상 밖으로 도망칠수록 늪에 빠지다
2. 찾아온 기회를 '선택' 하다
3. 길을 가지 않고 답을 얻을 수 없다
4. 삶의 미션을 찾는 과정이 중요하다
5. 사이좋은 세상 싸이월드
6. 사람들이 모여야 행복이 생긴다
7. 사회경험을 통해 얻은 가치관 4가지
  • 공짜는 없다
  • 주인도 없다
  • 정답은 있다
  • 일을 통해 배우고 깨우친다

백수 시절은 삶의 미션을 찾는 시간이다

이동형 ㈜나우프로필 대표

사람은 누구나 탄생과 동시에 어딘가에 소속돼 살아간다. 나 또한 한 가족에 소속되는 것을 시작으로 초, 중, 고, 대학교 거기다가 군대까지 20년이 넘는 시간 동안 한 번도 소속이 없어 본 적이 없다. 그런데 대학을 졸업하면서 처음으로 무소속이 됐다.

나는 그때야 깨달았다. 이전까지는 내가 소속을 정한 것이 아니라 정해져 있는 뻔한 소속에 나를 맡겼다는 것을 말이다. 나는 사회로 나가는 첫 문턱에서야 비로소 스스로 소속을 정하기로 마음 먹었다. 하지만 아무런 계획이 없던 나에게 소속을 선택하는 것은 쉬운 일이 아니었다. 막상 선택의 어려움에 부딪힌 내가 내린 결론은 선택의 순간을 미루는 것이었다. 생각할 시간이 필요하다고 느낀 나는 오랫동안 떠나있던 고향으로 돌아갔다.

세상 밖으로 도망칠수록 늪에 빠지다

고향을 떠나 객지생활을 한 지 7년 만에 다시 나의 작은 방에 캠프를 차렸다. 앞으로 어디로 갈지 거기서 정하기로 했다. 오랫동안 주인을 잃고 비워져 있던 책장은 다시 책으로 가득 채워졌고 한 권 한 권 평소에 읽지 못했던 책을 읽어 내려가는 시간이 오히려 달콤하게 느껴졌다. 물론 그런 시간은 '앞으로 어떤 삶을 살 것인가?' 에 대한 답을 찾기 위한 과정이었다. 하지만 시간이 갈수록 답을 찾기는커녕 무소속의 백수 신분만 분명해졌고, 미래에 대한 불안감은 더욱 커졌다.

혼자 지내는 시간이 길어지면서 나의 행동도 변해갔다. 부모님께서는 내색하지 않으셨지만, 얼굴을 마주할 때마다 폭탄타이머처럼 재깍재깍 속이 타들어가고 있다는 것을 느낄 수 있었다. 나는 부모님의 그런 시선에서 벗어나기 위해서 몇 가지 일은 열심히 했다.

한 가지는 유학준비를 한다는 명분을 유지하는 것이었다. 토

플시험과 GRE 시험을 번갈아 치면서 성적이 나오면 장학금을
지원해주는 대학유학지원센터에 보내는 일을 했다. 하지만 신
청한 지 반년이 지나도록 아무런 연락이 없었다. 그리고 나머
지 시간은 대부분 오락실에서 초등학생들과 게임을 하고, 밤
마다 우주 끝을 다녀온다는 달라이라마와 밤을 같이 지새우
고, 이외수의 소설에서 위로를 받기도 했다.

또 온종일 누워서 천장에서 특별한 무늬를 찾기도 하고 인
적이 뜸했던 소백산 중턱을 빙빙 돌며 산책을 하기도 했다. 어
머니는 신기하게도 밥 먹을 시간이 되면 내가 어디에 있건 나
를 찾아오셨다. 밥만 제때 먹으면 죽지는 않을 거라 생각하신
모양이다. 때론 오락실에서, 때론 방바닥에서 나를 발견하시
고는 한심하다는 듯이 고함을 치셨다.

"방바닥에 온종일 눌어붙어서 뭐하는 거니? 네가 호떡이냐!"
어머니는 그렇게라도 나를 깨워서 식사를 하게 만드셨다.

지금 생각해보면 나는 방향을 잃어서 세상 속에서 소속을
찾을 수 없으니 세상 밖으로 소속을 찾아 다닌 것 같다. 점점
세상 바깥으로 나가고 있던 나는 어머니의 고함에도 정신을
차릴 수 없었다. 하지만 그런 무위도식의 자유를 무작정 누릴
수만은 없었다.

생활비가 필요했기 때문에 부모님께서 하시던 식당에서 배

달원으로 아르바이트를 했다. 자전거에 음식을 싣고 동사무소로, 건설현장으로, 때론 놀음판이 벌어진 여관으로 배달을 다녔다. 놀음판이 벌어지는 여관에서 커피 배달을 온 언니가 아저씨들을 부추겨서 내게 팁을 챙겨주기도 했다. 일종의 동병상련 감정을 느꼈던 모양이다.

자전거 실력은 점점 늘어서 뒷자리에 음식을 가득 싣고 한 손에 주전자를 들고 타는 배달 달인의 경지에 도달했다. 그렇게 바쁜 생활 속에 있는 사람들을 장기판 훈수꾼처럼 들여다봤다. 하지만 그게 내 소속이나 생활이 되지는 못했다.

그저 '바삐 지내는 저 사람들은 무엇을 위해서 살아가고 있는지.' 궁금증만 커져 갔다. 앞으로 무엇을 하면서 살아가야 할지 아무런 영감도 얻을 수 없었다.

음식배달도 하다 보니 요령이 생기고 빠른 배달에 성취감도 커졌다. 하지만 막연히 주어진 일을 열심히 한다는 것만으로는 삶의 가치를 깨달을 수 없었다. 백수로 지낸 지 1년쯤 되어가자 숨이 막혀오기 시작했다. 앞으로 무엇을 하면서 살아가야 하는지 질문과 대답을 반복했지만, 답을 찾기보다는 점점 늪 속으로 빠져 들어가는 나 자신을 발견했다.

그 시절 내 일기장에는 항상 막막함과 숨막힘, 그리고 늪이라는 단어가 즐비했다. 군대에서 휴가 나온 동생이 그 일기장

을 우연히 보고 내가 무슨 일을 저지를까 염려해서 상의해 올
정도였다.

찾아온 기회를 '선택' 하다

그러던 어느 날 구미에서 직장생활을 하던 친구에게서 연락
이 왔다. 한번 놀러 오라는 것이었다. 그저 술 한 잔 얻어먹을
요량으로 구미로 내려갔다. 오랜만에 친구와 술잔을 기울이며
이런 저런 얘기를 하던 중에 친구가 물었다.

"너 아직도 유학 준비 하고 있냐?"

"…."

나는 고개를 끄떡였다. 하지만 말로는 차마 "어"라고 하지
못했다. 친구들에게는 백수의 이유를 유학가기 위한 준비 시
간으로 말해두었기 때문이다. 하지만 신청해 둔 국비 유학은
아직 답이 없었다. 내 순서가 되기 위해선 얼마나 시간이 더 흘
러야 할지도 장담할 수 없었다.

술을 한 잔 마시고 친구 집으로 갔다. 친구 방에는 신기하게
생긴 종이뭉치가 있었다. 간단한 영어로 줄을 맞춰서 빼곡하게
적혀 있었다. 그런 종이가 수십 장이 가지런히 정돈돼 있었다.

"이게 다 뭐하는 거야?"

호기심에 친구에게 물어봤다. 친구는 씨~익 한번 웃었다.

"너는 이야기해 줘도 몰라."

친구는 LG-EDS(현 LG-CNS)에서 시행하는 소프트웨어 교육과정에 다니고 있었고 그건 그의 프로그래밍 숙제였다.

그게 내가 본 첫 업무용 프로그램 소스였다. 왠지 그럴듯해 보였다. 그런 일을 하는 친구가 스마트해 보이기까지 했다. 전 공도 아닌데 어떻게 프로그래밍을 하느냐고 물었더니 입사해 서 배웠다고 했다. 그리고 회사 자랑을 아주 구체적으로 하기 시작했다. 친구의 설명으로 그 회사에 대한 호감이 급상승했 다. 내가 뭘 하고 살아갈지 정하지도 못하고 헤매고 있을 때, 친구는 이미 자기 길을 가고 있었다.

그렇게 하룻밤을 보내고 나서 친구와 헤어지려고 하는데 친 구가 서류 봉투를 건넸다.

"이제 혼자 지내는 건 그만두는 게 어때? 나랑 이 회사에서 일 좀 재미있게 벌여보자고. 그냥 넘겨듣지 말고 지원해 봐."

봉투 안에는 입사원서가 들어 있었다. 친구는 입사원서를 주 기 위해 술을 핑계 삼아 나를 구미로 불러들인 것이다. 그 원서 를 받아 들고 집으로 돌아왔다. '1년 가까이 삶의 미션을 찾아 다녔고 아직 그 답을 구하지 못했는데 이 회사에 지원하는 것 이 옳은 일인가? 나도 이렇게 회사에 들어가서 뻔한 인생을 살 게 되는 것은 아닐까?' 이런 의문이 들었지만 나는 지원을 했다. 그런 의문에 답을 찾기에는 너무 지쳐 있었던 모양이다.

친구가 다니던 LG-EDS에 원서를 써서 지원했다. LG-EDS는 LG그룹과 미국 EDS가 합작해서 만든 정보처리전문 회사(SI)였다. 미리 그 회사에 다니고 있던 친구에게 시험 준비에 대해 도움을 청했다. 서류면접과 적성검사는 별 어려움 없이 통과했다. 하지만 마지막 면접이 마음에 걸렸다. 졸업하고 1년이 지난 시점이어서 그동안 뭘 했느냐고 물어보면 어떻게 대답해야 하나 고민이 됐다. 그래서 지난 1년을 합리화해보기로 했다. 뭔가 미래를 위해서 제대로 준비하는 시간이었다고 말하려고 했다. 하지만 회사는 나의 과거가 아니라 앞으로의 미래를 궁금해 했다. 3명이 동시에 보는 면접에서 왜 이 회사에 입사하려고 하느냐는 딱 한 번의 질문을 받았다. 따로 생각하지 않았던 질문이라 있는 그대로 대답했다.

"친구가 추천해주었고 좋은 회사라고 느껴져서 같이 일하고 싶었습니다."

입사하고 얼마 후에 면접관이셨던 본부장을 복도에서 만났다. 그분이 나에게 이렇게 말씀하셨다.

"내가 뽑은 신입사원은 중간에 그만두는 적이 없었다. 그리고 친구와 같이 일하고 싶다고 했으니까 열심히 해 봐."

그때 '면접이란 것이 감성적인 행위구나. 같이 일하고 싶은 사람을 뽑는 거니까 그럴 수도 있겠다.' 라는 생각을 하게 됐다.

그때의 심정은 탈출이었다. 섬에서 탈출하는 심정으로 그 회사로 향했다. 내 평생 가장 숨을 크게 쉰 순간이 있다면 전화로 회사 합격소식을 확인하던 순간이었다.

그렇게 많은 산소가 내 폐로 한꺼번에 들어온 적이 없었던 것 같다. 그건 내가 너무 오랫동안 숨이 막혀 있었기 때문일 거다. 하지만 삶의 목표가 정해진 것도 아니었다. 내가 찾고 싶었던 미션을 얻은 것도 아니었다. 계획을 세워서 선택한 것이 아니라 현실을 탈출하기 위해서 안전해 보이는 곳을 선택했던 것이다. 여전히 나의 사명을 정하지 못한 채 또 다른 소속을 선택하게 된 것이다. 하지만 마음은 그 어느 때보다도 편안했다. 그리고 새로운 만남에 대한 기대도 컸다.

길을 가지 않고 답을 얻을 수 없다

소백산 자락의 작은 시골도시 영주에서 벗어나 서울로 왔다. 그렇게 소프트웨어 엔지니어로서 직장생활을 시작했다. 프로그램이라는 것을 배우기 시작했다. 컴퓨터를 처음 접했기 때문에 키보드 위에 타이핑하는 것부터 배워야 했다.

모든 것이 낯설고 어설펐지만 힘들거나 괴로운 과정은 아니었다. 내가 배웠던 유전공학과 컴퓨터공학은 너무나 흡사했다. 그래서 컴퓨터를 쉽게 이해하고 컴퓨터와 말하는 언어인 프로그래밍도 이해하게 됐다.

더 좋은 것은 드디어 아침부터 저녁까지 꼭 가야 할 소속이 생겼다는 것이다. 더더욱 좋은 것은 내 또래의 친구들을 동기라는 이름으로 만나게 됐다는 것이다.

일주일에 6일을 그런 소속에서 시간을 보냈다. 그런 단순함이 오히려 마음의 평화를 가져다주었다. 모든 소속에는 그 나름대로 규칙이 있다. 회사는 내가 경험했던 학교와는 다른 규칙이 있었다. 선생님도 수업도 시험도 없었지만, 스승도 있고 배움도 있고 평가도 있었다.

소속에 대한 갈증이 컸던 때문인지 회사생활을 열심히 했다. 평가가 늘 좋지는 않았지만, 회사에서의 배움은 학교에서의 수업보다 훨씬 구체적이어서 좋았다. 또한 경쟁의 결과도 매우 명확했다. 경쟁에서 이기면 돈으로 보상해준다. 능력이 곧 연봉으로 환산된다. 그런 구체적인 경쟁에 빠져들기 시작했다. 그런 시간이 즐거웠다. 점점 삶을 구체적으로 이해하게 되는 것 같은 생각이 들었다.

내가 상상했던 것을 그대로 구현할 수도 있고 내가 만든 것을 다른 사람이 이용한다는 것, 그래서 내가 기여를 한다는 것, 그것은 엄청난 성취감을 가져다주었다. 국세청 프로젝트(김

영삼 대통령이 추진한 금융실명제에 따라서 금융종합과세시스템을 구축하기 위해 진행된 3년 프로젝트)를 하면서 드디어 나도 사명을 갖게 됐다. 내가 하는 일에 의미를 분명하게 부여하기 시작한 것이다.

'정보라는 것이 공유되면 될수록 좋은 것이구나. 모르는 게 약이라는 말은 잘못된 것이구나. 가능한 한 많은 사람이 필요한 정보를 필요할 때마다 쉽게 얻을 수 있어야 좋은 사회가 되겠구나. 사람들이 서로에 대해서 더 잘 알게 되면 필요 없는 오해나 논쟁이 줄어들겠구나.' 라는 생각이 들기 시작했다. 그리고 그 일을 잘하기 위한 학습과 훈련은 나를 성숙시켜 나가는 것 같았다. 무엇을 더 배워야 하는지 어떻게 하는 것이 더 잘하는 방법인지를 찾아가는 것은 즐거운 일이었다.

어느덧 나는 백수 시절 고민했던 삶의 미션에 대한 답을 찾아가고 있었던 것 같다. 나는 어디로 갈지 몰라서 발걸음을 옮기지 못하고 멍하니 서 있었다. 아주 오랫동안 서서 어디로 갈지를 고민하고 있었던 것이다.

그러다가 친구의 도움으로 걷기 시작했다. 걸어가면서 길을 알게 됐고 주변도 보게 됐다. 그리고 다리에 근육도 생기고 더 잘 걸어갈 수 있게 되었다. 이제 가고 싶은 곳이 있으면 그곳으로 방향을 정할 수도 있고 걸어갈 자신도 생겼다. 나의 백수 시절은 방황이었거나 충전이었을 것이다.

무작정 걸어오지 않았기 때문에 늘 질문을 던지면서 걸어갈 수 있다. 하지만 그 방황의 시간이 더 길어졌다면 나는 분명히 세상 바깥으로 나갔을 것이다. 게임에 중독됐거나 무기력하게 부모님의 그늘에서 무위도식하면서 지낼 수도 있었을 것이다.

내가 지난 세월 동안 깨달은 것이 있다면 우리는 길을 가지 않고 답을 얻을 수는 없다는 것이다. 첫 직장에 대해 나는 늘 감사한다. 그리고 그 길로 안내해준 친구에게도 감사한다.

직장에 다닌 지 몇 개월이 채 안 돼서 대학유학지원센터에서 연락이 왔다. 유학지원대상자가 됐으니 학교로 찾아오라는 것이었다. 며칠을 고민한 끝에 지원을 철회했다. 그리고 그 결정에 후회는 없다.

유학을 다녀와서 교수가 되든지 더 좋은 직장을 구할 수 있을 것도 같았다. 하지만 달라질 수는 있겠지만, 더 좋아지거나 더 나빠지는 것은 아니라는 생각을 했다. 어떤 선택도 장단점과 차이가 있을 뿐 모든 결정은 선택 후의 자신의 노력에 따른다는 것이다.

삶의 미션을 찾는 과정이 중요하다

우린 첫 단추가 중요하다고 말한다. 그 말이 맞을 수도 있다.

하지만 그것보다 더 중요한 것은 자신의 미션을 찾아가는 노력을 중단하지 않는다면 어떻게 시작하든 그 미션대로 살아가게 된다는 것이다.

나는 직장생활을 하면서도 백수 시절에 가졌던 질문을 멈추지는 않았다. 그리고 지금도 그 질문을 하면서 살아가고 있다. 그건 내 삶의 미션이 무엇인가라는 것이다.

지구에 사는 모든 인간, 모든 존재는 삶의 미션을 하나씩 가지고 태어난다는 게 내 생각이다. 그 미션을 미리 찾는 사람도 있고, 나처럼 찾지 못해서 방황하는 시간을 가지기도 한다. 지구를 떠날 때까지 찾지 못할 수도 있다고 생각한다. 하지만 미션이 있다는 것, 그리고 그 미션을 찾게 되면 더 구체적인 삶을 살아갈 수 있을 거란 생각을 한다.

미션은 상상을 통해서 얻을 수는 없다. 내가 할 수 있는 일을 하면서 경험을 하게 되고 배우게 되고 그렇게 하면서 미션을 찾아가는 것이라고 생각한다.

우리가 무엇을 하는 이유는 다양하다. 내 경험에 의하면 하는 일이 없으면 심심해져서 소일거리로 일하게 된다. 아니면 누가 돈을 준다고 하면 그 일을 하게 된다. 나도 그렇게 첫 직장에서 일을 시작했다.

또는 우린 경쟁에서 이기기 위해 열심히 일한다. 승진하기 위해 그랬던 것 같다. 하지만 일의 과정과 결과가 좋기를 바란다면 사명에 따라서 일을 해야 한다는 것이다.

사이좋은 세상 싸이월드

국세청 프로젝트를 하면서 인터넷을 처음 접하게 됐다. 주인도 없고 참여와 공유, 그리고 나눔으로 이루어진 인터넷의 등장에 많은 사람이 큰 기대를 하게 됐던 것 같다. 나도 이런 공간에 참여해서 기회를 가지고 싶었다.

그래서 나의 사랑하는 첫 직장을 그만두고 동기들과 함께 1999년 8월에 싸이월드를 창업했다. 우리는 인터넷에서 사람들이 만나서 서로 소통하는 서비스를 만들기로 했다.

우리처럼 커뮤니티 서비스를 하겠다는 경쟁자들도 많이 있었다. 그리고 다음과 알럽스쿨, 프리챌, 세이클럽, 다모임처럼 이미 성공적인 상태에 도달한 서비스들도 많았다. 창업 후 3년 동안 중위권에 머무는 그저 그런 서비스 중 하나가 되어가고 있었다.

경제적으로 어려운 처지에 있는 사람이 공부하려면 낮에는 일하고 밤에는 책을 읽는 주경야독이 필요하다. 마찬가지로 가난한 회사도 그렇게 성장하는 것 같다. 팀원 중 반은 다른 회사에 가서 일해주고 돈을 벌어오고 나머지 반은 싸이월드를 개선하고 운영했다.

그렇게 3년을 보내면서 싸이월드 팀원들의 노력에 네티즌이 반응하기 시작했다. 미니홈피가 인기를 끌면서 싸이월드가 주목받기 시작했다. 그리고 싸이월드는 서비스적으로, 비즈니스적으로 성공했다. 물론 회사는 피합병되면서 사라졌다.

시장에서 일어나는 일들은 이런 일들이다. 회사를 만들고 거기에 사람들이 참여해서 무엇인가를 만들어내고 그래서 성공하고 또 망하고 그런 일상의 반복이 이뤄지는 곳이다.

지금은 또 새로운 비전을 가지고 회사를 설립했다. 스마트폰으로 지인들과 일상을 공유하게 도와주는 런파이프, 함께 일정을 공유하는 런파파, 점심메뉴를 공유하는 런치를 서비스하고 있다.

이제 시작이니 백수 시절처럼, 신입사원 시절처럼, 또 싸이월드 초창기처럼 쉽지 않은 문제를 해결하기 위해서 고군분투하는 시간이 이어질 것으로 생각한다. 그게 삶을 뻔하지 않고 즐겁게 해주기 때문에 그런 기회를 갖는 것 자체에 감사한다.

사람들이 모여야 행복이 생긴다

행복한 삶을 꿈꾸지 않는 사람은 없을 것이다. 우린 늘 좀 더 행복해지기 위해 노력한다. 그럼 행복은 어디에서 오는 것일까. 사람들이 모이면 행복이 생긴다. 그 행복을 누가 차지할지 모르지만, 사람들이 모이면 행복이 생겨난다. 아마 사람들 사이에 주고받는 무엇으로 인해서 행복이 생기는 모양이다. 많은 사람이 모이면 많은 행복이 생겨난다. 우린 그 행복을 나눠 가질 수 있다. 사회란 것은 그 행복을 공정하게 나눠 가지는 규칙을 가진 곳이다.

인간은 사회적인 동물이라고 한다. 나는 이 말에 전폭적으로 동의한다. 인간은 이미 그런 사회를 만들었다. 그래서 우리는 도시에 모여 살고 있는지도 모른다. 더 행복해지기 위해서가 아니라 행복을 만들어내기 위해서다.

그럼 이제 만들어진 행복을 어떻게 나눠 가질 것인가에 대한 논의가 필요하다. 하지만 그건 여전히 숙제이고 정답을 찾아가고 있다고 생각한다. 분명한 것은 사람들이 모여야 행복이 생산된다는 것이다.

사회경험을 통해 얻은 4가지 가치관

하나. 공짜는 없다

산다는 것은 연속되는 거래라고 해도 될 만큼 우리는 잦은 거래를 경험하게 된다. 한때는 공짜가 있다고 생각한 적이 있다.

부모님의 용돈도 공짜고, 향토장학금도 공짜고, 친구 집에서 얻어먹는 밥도 공짜라고 생각했다. 그래서 돈 없이도 충분히 살아갈 수 있다는 순진한 생각을 한 적도 있다. 하지만 세상에 공짜는 없다.

내가 공짜로 뭔가를 얻게 된다는 것은 누군가 상실하게 된다는 것이다. 내가 시험 없이 입사기회를 얻게 되면 누군가 합격조건이 되는데도 떨어지게 된다는 것이다. 사회생활에서 반드시 명심해야 할 점은 세상에 공짜는 없다는 것이다.

내가 노력하지 않고 얻는 모든 것은 공짜다. 그 공짜는 외상으로 빌리는 것이거나 약탈이거나 구걸 중의 하나라고 생각하면 된다.

한 가지만 예를 들면, 흔히 있는 친구 · 가족 · 선배들의 배려(?)다. 아는 친구의 배려(?)로 줄 서지 않고 새치기를 할 수 있었다면 그건 남의 시간을 약탈한 것이다.

병원의 진료도 먼저 받고 구청에서 허가도 쉽게 받고 그걸 능력이라고 말하던 시대도 있다. 하지만 세상에 공짜는 없다. 사회에서는 그런 작은 약탈이 모여서 행복을 파괴하는 경우가 자주 일어난다.

둘. 주인도 없다

사회생활을 처음 시작할 때는 세상은 모두 주인이 있어서 내가 가질 수 있는 것은 하나도 없다는 생각이 든다. 그래서 함부로 나서지 않게 되고 잘 알지 못한다는 이유로 기회를 포기하는 경우도 자주 생긴다. 하지만 곧 알게 된다. 현재의 주인은 있을지라도 세상의 모든 것에는 주인이 따로 정해져 있지 않다는 것을.

구하는 자가 미래의 주인이 된다. 기회를 찾고 노력하면서 스스로 주인이 되어가는 것이다. 현재의 주인이 미래의 주인이 될 수 있는 것은 세상에 주인이 따로 있다고 생각하기 때문이다. 하지만 좋은 사회일수록, 행복이 많이 만들어지는 사회일수록 미래의 주인은 정해져 있지 않다.

셋. 정답은 있다

사회에서 우리는 늘 문제를 만나게 되고 해결하기 위해서 수단을 찾게 된다. 하지만 오래된 문제일수록 답이 없다는 이야기를 듣게 된다. 특히 사람 사이의 문제들은 정답이 없다고 포기하는 경우가 많다.

'늘 그렇게 해왔고 바꾸려고 노력했는데 잘 안 되더라.', '괜한 갈등만 생기고 결국 잘 협의하면서 지낼 수밖에 없다.' 이런 이야기를 자주 듣게 된다. 하지만 모든 문제에는 정답이 있다.

정답을 찾기 어렵더라도 정답을 찾는 노력을 멈추면 안 된다. 왜냐하면, 사회에서 기회란 정답을 찾는 과정에서 생기기 때문이다. 세상에 공짜도 없고 주인도 없으니 기회를 찾아서 정답을 찾는 사람이 미래의 주인이 될 것이다. 나는 그런 사회가 행복이 많은 사회라고 생각한다.

넷. 일을 통해 배우고 깨우친다

사람은 무엇인가를 한다. 그렇지 않으면 심심해서 견딜 수 없다. 나는 오랫동안 심심하게 지냈기 때문에, 그리고 경쟁 없이 살았기 때문에 그런 자잘한 경쟁이 오락처럼 재미있었다. 그런데 무엇을 하느냐보다 왜 하느냐가 중요한데, 난 그런 것에 관심을 둘 상태가 아니었다. 마치 백수 시절 오락실과 만화방을 전전하던 것을 이제는 회사에 다니기 시작한 게 달라졌을 뿐이었다. 일하는 목적은 다양하다. 생활비가 필요해서 할 수도 있고 성취감으로 할 수도 있고 경쟁심에서 할 수도 있다. 그리고 사명감에서 할 수도 있다.

나는 여전히 할 일을 찾고 있다. 때론 생활비를 구하기 위해서 일을 찾는다. 그리고 성취감을 위해서 일을 하기도 한다. 그리고 때론 이기고자 하는 마음에 일하기도 한다. 하지만 사명이 생기면 모든 목적을 뛰어넘게 된다. 사명감이 생기면 좀 더 장기적인 비전을 가지게 된다.

백수 시절에 배운 것보다 일하면서 배우고 깨우치는 게 훨씬 많다. 일을 하게 되면 돈을 목적으로 일을 시작하더라도 돈 때문에 일하진 말았으면 한다. 일을 통해서 배우게 되면, 능력이 생기게 되고 생활비를 목적으로 하지 않는 방법이 생긴다.

배움의 시간을 가지라고 말하고 싶다. 세상에 필요한 무엇인가를 할 수 있는 능력을 갖추게 되면 백수 시절이라는 말이 없어질 것이다. 직장을 얻게 되더라도 사명감이 없다면 돈 버는 백수 시절을 살게 되는 것이다. 내가 젊은 시절의 선택에서 후회하는 것이 있다면 그건 일자리를 구하지 못했던 시간이 아니라 세상에 필요한 무엇인가를 생각하지 못했던 시간이다.

김진배 한국유머센터 대표

저자는 어려운 가정 형편 때문에 고등학교를 졸업하고 자가용 운전기사로 취업했지만, 그나마도 오래가지 않아 직장을 잃고 실업자 신세가 됐다. 대부분의 시간을 도서관에서 보내며 많은 책을 읽었고 우연히 폭소 강의를 듣게 된 후, 우리나라 유머 강사 1호의 꿈을 이루기 위해 대학에 들어가 공부를 시작했다. 유머 강사 1호의 꿈을 이룬 그는 하루 24시간도 모자를 만큼 전국을 누비며 많은 사람을 만나고 있다.

웃어라! 즐겨라!
살 떨리는 목표를 세워라!

김진배 한국유머센터 대표

웃어라! 즐겨라! 살 떨리는 목표를 세워라!

김진배 한국유머센터 대표

유비가 삼고초려(三顧草廬)를 할 정도로 인기가 하늘을 찔렀던 제갈공명의 당시 직업은 하얀 손, 바로 백수(白手)였다. 하지만 그는 당당했다. 아니 오히려 자신을 취업시켜주러 온 최고경영자 유비를 피했다. 소 위에 올라타 피리를 불고 외출한다든가 피한다든가, 하여튼 도도하고 고고하게 행동했다. 그러자 오히려 애가 탄 사람은 유비 쪽이었다. 전화도 전보도 없던 시절에 먼 길을 세 번씩이나 방문해서 기다리고 또 기다려서야 겨우 만날 수 있었다. 그리고 공명은 죽은 사람 소원도 들어준다는 기분으로 당당히 입사했다. 물론 공명처럼 대우를 받기 위해선 스스로 실력을 길러 놓을 필요가 있다.

어둡고 칙칙한 낙담형 인간

내가 태어난 곳은 충북 청주 금천동이다. 하지만 아기 때 바로 서울로 올라와서 이대 앞 달동네 판잣집에서 어머니와 함께 어렵고 외로운 생활을 시작했다. 평범한 학창시절을 거쳐 앞날을 고민할 나이가 됐다. 제대로 된 직장에 들어가려면 대학 졸업장이 필요했다. 하지만 학자금 대출도, 장학금도 거의 없던 때에 대학생이 되는 것은 만만한 일이 아니었다. 한 3~4년 돈을 모아 학비를 마련하자고 결심한 후, 여기저기 기웃거렸다. 고졸 자격으로 할 수 있는 건 운전직과 판매직이 전부였다.

자가용 운전기사를 하며 3년가량 운전직을 전전했다. 최하위층 직업이었다. 사장님과 사모님들은 기사를 하인쯤으로 취급했다.

하루는 한겨울에 집 앞에서 세차를 하는데 손이 꽁꽁 얼 지경이었다. 주인집 자제들은 내 또래였기에 대화를 나누고 있었는데 집 문이 열리며 사모님이 자식과 개를 부른다.

"애들아 뭐하니? 이렇게 추운데 감기 걸리겠다. 메리(개 이름) 춥지? 어서 들어와서 밥 먹자. 아 그리고 김 기사, 세차 좀 깨끗하게 해 놔.”

자식들은 물론 기르는 개까지 추울까 봐 집으로 들이면서 내겐 따뜻한 말 한마디 없는 게 너무 야속했다. 그랬다. 그게 나의 현실이었다.

사장님이 초저녁에 룸살롱에 들어가서는 한 시, 두 시가 넘어도 나오질 않는다. 시동 걸고 대기하다가 기름 낭비한다고 질책을 받은 터라 차 주위를 돌다가 지쳐서 덜덜 떨며 잠이 든 적도 많았다. 몸보다 마음이 추웠다. 이렇게 남의 비위나 맞추다가 인생 끝나는 건 아닌지 두렵기도 했다. 얼굴은 근심으로 가득 찼고 입에선 한숨만 흘러나왔다.

나의 20대는 너무 어두웠다. 희망이 없었다. 유머형 인간의 모습은 눈을 씻고도 찾을 수 없는, 낙담형 인간이었다. 지금도 당시 사진을 보면 아주 어둡고 음산한 기운이 느껴진다.

‘왜 난 가난한 집에서 태어난 거야?’

‘왜 날 끌어줄 수 있는 형이나 누나도 없는 거야?’

세상이 싫었고 무엇보다 나 자신이 싫었다. 사람들 만나는 것도 싫었다. 어린 시절 내성적인 성격으로 다시 돌아갔다. 잘나가는 친구들과 비교되는 게 더욱 싫었다. 일부러 친구를 피했다. 원망이 절로 나왔다. 말이 직장이지 일말의 보람도 없고,

미래도 안 보이는, 당시 난 심정적으론 백수였다.

하루 10시간의 행복

"미스터 김, 자네도 알다시피 요새 우리가 좀 어렵잖아."

그러던 차에 그나마 그 잘난 직장도 잃고 정말로 백수가 됐다. 사장의 말 한마디에 백수가 되어 길을 걷는데, 하늘이 노래지고 눈물이 쏟아졌다. 졸지에 백수가 되고 보니 온 세상이 우울하기만 했다.

전기 통닭집에 걸려 기름을 짜는 통닭도 불쌍하고 길가에 떨어진 낙엽도 불쌍했다. 웃으며 길을 가는 사람들을 보면 '저 사람들은 뭐야? 아직 안 잘렸나 보지?' 하며 괜한 화풀이를 하기도 했다.

며칠 집에서 놀다 보니 절로 혼잣말이 나왔다.

"아~ 좀이 쑤셔서 미치겠네. 아침에 갈 데가 없다는 게 이리도 괴로운 일이었단 말이냐. 시간이 없을 때는 그렇게 가고 싶던 바닷가, 나이트클럽, 지리산도 흥미가 떨어지는구나."

직장 나가는 게 고마운 일이라는 생각이 들었다. 그러다가 아침 겸 점심인 아점을 먹고 한참을 걷다가 우연히 책방에 들렀다. 그때부터였다. 나는 하루 10시간씩 책에 빠져 살았다.

그땐 몰랐지만 그게 내겐 행운의 시작이요, 불행의 종말이었다. '책이라… 이리도 좋은 세상이 있었나?' 책을 보면 볼수록 나 자신이 부족하다는 걸 깨달았다.

'아니 이렇게 중요한 지식들을 익히지 않은 상태로 내가 인생을 살았단 말인가?'

교보문고, 종로서적, 남산 도서관, 행촌동 에스콰이어 도서관. 책을 읽으며 아침을 열었고 책을 닫으며 하루를 마감했다. 소설, 시, 수필, 세일즈, 처세, 화술, 경제 경영, 미학, 철학, 신학 등 책을 열 때마다 머리가 시원해졌고 책을 닫을 때마다 가슴 깊은 곳에서 뿌듯함이 밀려왔다.

또 한 가지 나의 백수 일상을 채웠던 것은 강의였다. 지금도 마음만 먹으면 라디오나 TV는 물론 관공서, 대학, 기업, 학원 등에서 수많은 강사들의 질 높은 강의를 들을 수 있다. 나 역시 백수 시절 들은 강의가 내 삶에 에너지가 된 것은 물론 직업으로까지 연결됐으니 참 하늘의 뜻이 묘하다.

이쯤 되자 백수란 사실이 오히려 고맙다는 생각이 들기도 했다. 백수가 아니라면 어떻게 이런 좋은 지식들을 습득할 수 있었을까? 세상에 나쁘기만 한 일은 없다.

몇 달 후 훨씬 좋은 조건의 일자리가 나타났다. 경쟁이 심했지만 몇 개월 독서를 하며 꿈에 불타던 내게선 웃음, 희망, 긍정, 자신감 등 좋은 기운이 나왔고 그 덕에 합격했다. 나는 홍대 앞 서교호텔 주차관리원이 됐다.

"미스터 김, 수고하네."

인자한 얼굴의 총지배인님이 내 어깨를 두드려주셨다. 자가용 기사 시절에 비하면 그야말로 천국이었다. 비록 내근직도 아니고 기껏해야 야외에서 이리 뛰고 저리 뛰며 주차비도 받고 교통정리도 하는 일이었지만 보람만은 사무직원 못지않았다.

나는 '사람은 자신이 의미 있는 일을 한다고 생각할 때 신이 나고, 신이 나야 일도 잘한다.' 라는 것을 그때야 깨달았다.

모든 것의 시작은 '나' 로부터

호텔에서 근무한 지 일 년쯤 지났을까. 같이 근무하던 후배 아르바이트생과 술을 한잔하게 됐다. 서빙 보조를 하던 여대생이었다.

"오빠, 요즘 얼굴이 꽤 밝은 걸?"

"그래? 너 때문인 것 같은데~"

우리는 오랜 시간 미래에 대해서 이런저런 이야기를 했다. 자연스레 나는 그녀의, 그녀는 나의 상담자가 됐다. 그러다가 그녀가 던진 한마디 말이 나를 성공으로 이끄는 기폭제가 되었다.

"오빠 분명히 성공할 거야, 난 믿어."

그 말을 듣는 순간 불덩어리 같은 게 몸속에서 생기는 것을 감지했다. 마치 태양이 내 몸속에 들어온 것 같은 전율이 느껴졌다. 인간의 눈은 대단한 능력을 발휘한다. 기사 시절 주인집 사모님이 '기사주제에' 하고 날 무시하는 눈빛을 보였을 땐 세상이 잿빛이었는데, 그 애가 격려와 관심의 눈빛을 보여주자 세상은 온통 분홍빛이었다. 악몽에서 빠져나온 느낌이었다.

언젠가 강의 중에 이때의 일을 말하며 청중들에게 물어봤다.

"그 여대생이 지금 어디 있을까요?"

지금의 부인 아니냐고 하는데, 아니다. 지금 어디에서 무얼 하고 사는지 모른다. 사실 이 후배가 자신의 말에 엄청난 공력을 실어 말한 것도 아니고 나를 좋아해서 힘을 주려 한 것도 아니었다. 그저 술 한 잔 얻어먹는 대가로 좋은 말을 해준 것이리라. 내가 그 말을 들었다고 해서 그 즉시 성공한 사람이 된 것도 아니고 갑자기 돈이 많아진 것도 아니었다. 다만, 나 자신의 마음이 바뀐 것이다.

진짜 중요한 것은 환경이 아니고 남의 도움도 아니고 바로 나 자신에게 있다는 것을 깨달았다. 행복은 내가 만드는 것이다. 돈도 없고 하는 일도 그대로였지만 다음 날 아침 일어나자마자 난 이미 변해 있었다.

낙담형 인간에서 희망형 인간으로, 부정적 인간에서 긍정적

인간으로, 우거지 인간에서 미소 인간으로, 지겨운 인간에서 유머형 인간으로!

'뜨자. 한 번 떠 보자. 보란 듯이 성공해 보자!'고 되뇌었다. 이전보단 나아졌지만 여기서 만족할 순 없었다.

"기사만 하란 법은 없잖아. 나도 자가용 뒷좌석에 한 번 타 볼 날이 올 거야. 그런데 어떡해야 성공하지?"

수많은 생각이 쏟아졌다.

'그래 자기가 하고 싶은 일을 하면 성공할 거야.'

'내 일을 이해해 줄 사람도 있어야겠고.'

'내가 어떤 일에 소질 있는지 알 수 있어야 하는데…'

'내 희망은 과연 무엇이지?'

'지금 내가 가진 것은?'

'내 장점은?'

'내 단점은?'

'내 인맥은?'

너무 산만하게 떠올라 정리할 필요를 느꼈다. 노트를 한 권 사서 체계적으로 나 자신의 모든 것을 분석했다. 나의 과거, 나의 미래에 대해 썼다. 당시엔 컴퓨터가 없었기에 링을 끼우는 노트를 준비해 다시 끼우기도 하고 수정하고 보완하면서 나 자신에 대해 분석해 나갔다.

'그래, 내 인생을 새롭게 설계하는 거야.'

희망이 생기니까 의욕이 생기고, 의욕이 생기니까 힘이 나고, 힘이 나니까 너무 재미있었다. 나 자신의 꿈을 알아보았다. 당연히 성공하는 것이었다. 왜? 가난한 건 너무 지겹다는 것을 뼛속 깊이 체험했으니까. 그렇다면 어느 정도 성공해야 할까?

'글쎄, 장가를 가자.'

'집도 있어야 하고.'

'차도, 명성도 얻으면 좋고.'

'그러려면 내가 잘할 수 있는 걸 찾아야지.'

우연히 산업 강사의 폭소 강의를 들을 때 필이 꽂혔던 기억이 났다.

"좋다! 유머 강사다. 이제부터 유머 강사 1호가 내 꿈이다!"

전문적으로 공부하기 위해 대학에 들어가기로 마음먹었다. 수년간 일하며 돈도 조금 모았으니 당분간은 버틸 만했다. 직장생활을 하며 단과학원에 다녔다. 이중생활을 했지만 피곤한 줄도 몰랐다. 하루 3시간을 자도 전혀 피곤하지 않았고 강의를 들을 땐 너무 재미 있어 싱글벙글 웃으며 공부했다.

공부가 그리 달콤한 줄은 예전엔 미처 몰랐었다. 국어, 영어, 수학, 역사… 나중에 다 내가 연구하는 유머의 자료가 될 수 있다고 생각하니 버릴 게 없었다. 웃으며 공부한 덕인지 아니면

운이 좋았는지 단기간 공부했는데 내 고향 신촌에 있는 대학, 어릴 때 매일 놀았던 그 대학에 86학번 장학생으로 들어갈 수 있었다.

김진배를 팝니다

이번엔 자발적으로 백수가 됐다. 첫 백수는 타의적이었지만 두 번째 백수는 자의적이었다. 첫 백수 시절은 괴로웠지만 두 번째 백수 시절은 꿈에 불타 즐거웠다. 첫 백수는 돈은 없어도 시간은 많았다. 하지만 두 번째 백수는 돈도 시간도 없었다. 시간을 쪼개 공부도 하고 돈도 벌어야 했다. 어떻게 들어 온 대학인가? 한시도 헛되이 보낼 수 없었다.

밤에 할 수 있는 일을 찾다가 아이디어가 떠올랐다. 음주운전 대행! 아마도 대한민국 최초의 대리운전이었을 것이다. 신속, 친절, 안전이라고 명함을 새긴 후 학교 앞 신촌 일대의 룸살롱, 요정, 대형 식당에 돌렸다. 경쟁자가 없기 때문에 돈 버는 건 누워서 떡 먹기였다. 보통 3만 원 받고 어떤 날은 5만 원을 받았다. 25년 전이니 지금 화폐가치로 치면 이삼십은 받은 셈이다. 요즘 대리 시세가 1만~2만 원이니 무려 10배 이상을 받은 것이다.

조금만 머리 쓰면 정식 직장이 없는 백수라도 돈은 얼마든지 벌 수 있다는 것을 체험했다. 많이 앞서 갈 필요도 없다. 남이 생각하지 못한 것을 약간만 앞서서 하면 돈이 우수수 굴러 들어온다.

학교 졸업 후 대학원에서 유머를 주제로 졸업논문을 쓰고 강사 세계에 들어섰지만 또 백수였다. 누가 나를 불러줘야 말이지, 안 불러주는데 어떻게 강사를 하겠는가. 영업을 뛰기로 했다.

세일즈맨: 김진배   상품: 김진배

졸업논문, 펀경영 관련 연구자료, 유머리더십 리포트 등을 기업체 CEO와 인사과 교육담당자에게 보여주며 영업을 시작했다. 하루 종일 광화문, 강남, 신촌 등 번화가 빌딩을 오르내리길 반복했다. 당시는 PPT가 없어 원고로 쓴 자료와 사진, 리더의 유머에 대한 신문 스크랩 등을 비닐 파일에 넣고 다녔다. 이상한 사람으로 오해를 받았던 게 한두 번이 아니다.

"유머 강사? 그런 게 다 있어? 듣도 보도 못했네."

당연한 반응이었다. 내가 이제야 만들어 1호인데 어디서 들어봤겠는가.

"여보쇼, 지금 우리가 유머하고 웃을 때야? 근면해야지, 안 그래? 젊은 사람이 원."

90~91년도만 해도 유머 강사, 펀경영에 대한 이해가 전무했다. 그러다 '유머 강사답게 한번 웃겨보자.' 라고 전략을 바꿨다.

“제가요, 받침 빼면 기지배잖아요.”

상대방이 살짝 관심을 보였다. 약간의 틈이 생긴 것을 확인하고 사장님 이름으로 즉석 삼행시를 만들어 보였다. 상대방이 웃는 순간 내 편이 되었다.

“그럼, 한번 강의해 보슈.”

강의 준비를 하며 눈물이 핑 돌았다. 드디어 또 한번의 백수 탈출이다.

그 후 유머 강사 1호의 인기로 아침마당에도 나오고 전국의 공공기관, 대학, 기업, 방송, 교회, 단체 모임에 명강사로 출강도 하게 됐다. 그 이유는 당시 나온 내 책들이 워낙 많이 알려져서다. 책을 쓰니 출판사에서 인세를 받고 또 그 책을 본 독자들로부터(CEO, 교육담당자) 강의 의뢰를 받았다. 책이야말로 내 성공의 일등공신이다.

그 책을 쓰게 된 것은 책을 많이 읽었기 때문이고 책을 많이 읽은 건 백수 시절이었다. 그러니 백수 시절이야말로 내 생애 최고의 봄날은 아닐지라도 봄날을 연 계기임이 분명하다. 강의 역시 백수 시절 체험이 지금까지 연결됐으니 잘 다듬은 백수 하나 열 직장인 부러울 게 없다 해도 과장이 아니다.

2011년 어느 날의 일정이다.

오전 7~8　강남구 호텔 라이온스 클럽 조찬강의

오전 8~10　호텔 앞에서 산 김밥을 먹으며 천안 향해 액셀을 밟는다. 도착하니 9시 40분, 교육담당자 안내로 강사 대기실서 회사 대표와 차 한 잔

오전 10~12　천안 상록 리조트. 모 화장품 회사 전국 단합대회 강의

오후 12~1:30　총알 같이 리조트 식사를 끝낸 후 대전으로 달림. 15분 전 도착해 음료수 한 잔 마심

오후 1:30~3　대전 전자업체 사내강사 대상 강의

오후 3~4　청주로 달림. 피곤이 몰려 옴. 가볍게 사우나서 샤워

오후 4~5　청주 시내 모 대학 학부생 대상 면접 화술 강의

오후 5~8　서울 송파 김진배유머센터로 달림. 일찍 온 회원들과 저녁 식사 및 상담

오후 8~9:30　유머스피치 강의와 실습. 폭소 도가니

반면 어떤 날은 한가하다. 1인 기업가에게 일없는 날은 백수 체험의 시간이다. 그런 날은 책을 읽고, 책을 쓰고, 상담하고, 프로그램을 개발하며 조금은 여유로운 생활을 누리고 있다.

효과 만점! 여섯 가지 성공 도구

이제 당신을 성공으로 이끄는 자그마한 텔레비전(Mini TV)
을 소개하고 싶다. 이 방법(memo, innovation, now, interest,
thank, vision)들은 내가 백수 시절부터 지금까지 애용하고 있
으며, 효과 만점이란 걸 밝힌다.

1. 메모하라

내 성공의 출발은 메모였다. 백수 시절 독서를 하며 생긴 습
관이다. 백수라 돈이 없고 돈이 없으니 책을 살 수 없었다. 서
점, 도서관에서 책을 읽으며 꼭 메모장에 핵심을 적었다. 청년
시절부터 나는 어디를 가든 가방을 들고 다닌다. 책과 메모 노
트 그리고 볼펜이 있다. 읽고 메모하는 게 가장 중요한 일과다.
지금은 스마트폰에 메모한다.

성공한 사람들은 메모한다. 남이 쓴 책의 내용이나 남이 말
한 강의 내용이 다 내 것이 되는 건 아니다. 읽고 들으며 문득
떠오르는 깨달음이 더욱 중요하다. 그걸 메모하는 거다. 그게
지혜가 되고 아이디어가 된다. 내게 책의 주제, 목차, 내용, 강
의 교안, 유머센터 프로그램, 강의 PPT 등은 모두 메모를 통해
나온 것이다.

메모로 백수를 탈출하고 메모로 책을 쓰고 메모로 강의하고
메모로 유머센터 프로그램을 만들고 있다. 메모가 돈이다.

문득 떠오르는 깨달음(지혜, 아이디어)을 무시하지 마라. 나에게 가장 도움이 되는 순간이니. 멋진 아이디어가 오는 시간은 주로 멍해질 때다. 운전할 때, 목욕할 때, 잠이 들락말락할 때. 모두 메모하기 불편한 순간들이다. 그래서 사람들이 메모를 잘 하지 않는다. 그러나 성공을 원한다면 과감히 차를 세우고 메모하라. 탕에서 나와 펜을 들어라. 잠자리에서 일어나 불을 켜라.

2. 개선하라

일신우일신(日新又日新)이란 말이 있다. 하루하루 새로워지라! 또래보다 돈이 없다고? 상관없다. 하루 한 가지씩만 부자가 되는 쪽으로 개선하라. 지금 실력이 없다고? 상관없다. 하루 한 가지씩만 실력이 느는 쪽으로 개선하라. 경쟁자보다 인맥이 부족하다고? 상관없다. 하루 한 가지씩만 인맥을 늘리는 쪽으로 개선하라.

유머 강사가 되고 싶었다. 공부도 직장도 친구보다 늦은 주제에 꿈은 크네. 날고 기는 사람도 힘든데 무대에 서려고? 내면의 부정적인 목소리가 내 발목을 잡았다. 그래 늦었다. 화려한 무대경험도 없다. 그러나 하고 싶었다. 그때부터 차근차근 내 음성을 개선했다. 무대 음성으로 개선하자. 산에 올라가서라~ 뤼~ 꼬엘~ 파탸~ 등등 발음을 연습했다. 거울을 보며 중앙청 창살 쇠창살~ 길음동 기린 그림 전문 학원~ 작년 솥 장사 헌 솥 장사~ 등 어려운 발음도 연습했다. 유머를 하나하나 묵상했다. 그 상황에 들어갔다. 유머를 연기했다. 유머 기법, 유머 리더십, 체험담 유머를 속속 발표했다. 결국, 사람들이 알아주기 시작했다.

하루하루 발전했고 자신을 절차탁마(쪼고 갈고 다듬는 것)하는 심정으로 개선하고 혁신했다. 그때 깨달은 것 하나. 하루 한 가지씩만 바꾸어 나가면 1년이면 365가지 개선, 이러면 성공한다. 3년만 이 정신을 가지고 개선하면 1천 가지가 넘는다. 이 정도면 장인대접, 스타 대우 받는다. 지금 내세울 게 없으면 더 좋다. 더 많이 개선할 수 있으니. 빨리 가지 않아도 좋으니 꾸준히 하라. 소걸음처럼. 백수 시절부터 지금까지의 삶을 돌아보며 얻은 진리 하나. 결과보다 과정이 인생의 진수라는 것이다.

3. 현재를 살아라

젊은 시절 너무 어려웠다. 돈도 없지, 여친도 없지, 백도 없지, 배운 것도 없지, 부모 유산도 없지. 뭐 이런 인생이 내게 배당됐담? 도대체 내 성공을 방해하는 건 누구일까? 부모, 대통령, 시대, 신⋯ 그러한 답도 맞다.

지금 생각해보니 그런 요소는 약간이요, 내 성공의, 또 실패의 가장 큰 원인자는 바로 나였다. 내가 희망을 가지면 잘 풀리고 내가 절망에 빠지면 꼬인다. 나의 성공 에너지를 막는 건 무엇일까? 잡념이다. 비관이다. 두려움이다. 자학이다. 현재를 살아야 하는데 대부분의 사람들은 오지도 않은 미래와 이미 지나가 버린 과거에 얽매어 살아간다. 미래에 대한 두려움, 과거에 대한 후회 등은 바람과 함께 날려 버려라. 머리를 비우고 이 장소를 살아라. 현재를 즐겨라. 있는 것은 감사하고, 없다면 (돈, 여친, 스펙, 유머, 배짱⋯) 희망을 품어라. 지금 당신은 즐겁다. 왜? 이루었든가 아니면 이루고자 하는 희망 속에 살든가 둘 중 하나니까! 그래서 유머형 인간들은 항상 기뻐하며 살아간다.

미래에 관해 두 가지 유형의 사람이 있다.

1. 두려움형 인간: 에스키모한테 가서 냉장고 안 팔리면 어쩌지?

2. 유머형 인간: 여기다 음식 넣으면 안 얼어요, 하고 설득해야지. 앗싸~

과거에 관해서도 두 가지 유형의 사람이 있다.

1. 후회형 인간: 내가 왜 바보같이 그런 선택을 한 거야?

2. 유머형 인간: 이미 지나간 일, 잘못된 선택을 통해 하나 배우는 거지 뭐. 앗싸~

4. 즐겨라

현재를 사는 사람은 하루하루가 즐겁다. 무학대사와 이성계의 유머 일화가 있다.

"대사! 대사의 얼굴은 돼지 같소이다. 하하."

"전하! 전하의 용안은 부처 같사옵니다."

"대사! 놀리기로 했는데 너무 진지하게 말하는구려."

"전하! 돼지의 눈엔 다 돼지로 보이고 성인의 눈엔 다 성인으로 보이는 법입니다."

그렇다. 세상이 즐겁고 감사하다고 생각하면 세상은 즐거운 일 투성이다. 반면 세상이 지옥이라고 생각하는 순간 지옥으로 변한다. 세상은 당신을 위해 만들어졌다. 그렇게 믿어라. 실컷 즐기고 돈도 벌고 인정도 받아라.

내 어린 시절의 일이다. 난 참 내성적이었는데, 어머니와 단 두 식구란 환경적 영향이 가장 컸을 것이다. 이름도 내성적이다. 김진배에서 받침 빼면 기지배. 외향적 남자애들은 여자애들 고무줄 놀이하는 데 가서 칼로 고무줄을 자르고 도망가곤

했다.

"어어~ 야아~, 미친놈, 너 최우용, 선생님께 이를 거야!"

여자애들이 악을 쓰며 펄펄 뛰지만, 악동들은 그런 모습이 외려 더욱 흥을 돋운다는 듯 돌아보며 '메롱 나 잡아 봐라' 한다. 이런 모습이 내겐 낯설었다. 왜? 난 너무 수줍고 내성적이었으니까. 남자애들은 또 여자애들에게 슬그머니 다가가 치마를 올리곤 했다.

"끼아악~~"

비록 내가 한 짓은 아니지만, 남자애들의 용기는 정말이지 대단하다고 느꼈다. 그들은 위너고 난 루저였다. 난 아마 꿈에도, 죽어도 저런 행위를 못하리라는 것을 직감적으로 알았다. 왜? 내겐 그런 짓, 좋게 말하면 적극성, 도전정신, 배짱이 없었으니까. 보기만 해도 난 가슴이 두근거렸다. 처음엔 친구들을 부러워했다. 헌데 친구 놈들의 행위엔 이해 안 가는 점이 있었다.

놈들은 치마를 들추자마자 도망갔다. 막상 치맛속을 보는 것은 나 같이 주위에 포진해 있던 측면 관찰자였다. 죽 쒀서 개 준다더니. 아니, 보지도 않을 거면 뭐 하러 치마를 드나 하는 생각이 들었다. 치마를 드는 목적이 과연 무엇인지 제대로 인식하지 못한 놈들의 행동 일체가 우스꽝스러웠다. 치마는 그

친구들이 들치고 막상 즐기는 건 나였다. 그때 깨달았다. 세상은 나 같은 루저에게도 즐거운 곳이란 걸.

그 이후 난 내 타고난 성품을 굳이 바꾸려 하지 않았다. 대신 내가 하고 싶은 일을 하기로 마음먹었다. 대한민국 대리운전 1호, 대한민국 유머 강사 1호는 그런 철학으로 만들어졌다. 지금도 마찬가지다. 난 내가 하고 싶은 대로 하며 산다. 내 식대로 웃기며 강의한다. 모방이 즐거우면 모방하지만 싫으면 안 한다. 내 식대로다. 쓰고 싶은 책을 쓴다. 오늘 하루 웃었으면 성공한 날이다. 하기 싫은 일, 억지로 하는 일, 찡그리며 하는 일로 성공하는 경우는 없다. 사업을 하든, 창업을 하든, 샐러리맨이든, 알바든 다 마찬가지다.

5. 감사하라

내가 만나는 사람은 다양하다. 아마 대한민국 강사 중에서 가장 다양한 사람들을 만날 것이다. 그도 그럴 것이 주제가 부담 없다 보니 별의별 곳을 다 간다. 가장 많이 방문하는 곳이 기업체 연수원이다. 대기업들은 대부분 자체 연수원을 가지고 있다. 주로 용인, 양평, 오산 등 수도권의 공기 좋은 곳에 있다. 경비실에서 '강사입니다.' 라고 하면 나보다 연배 높으신 경비 아저씨들이 거수경례를 하신다. 난 너무 고마워 두 번 세 번 꾸

벽인다. 대부분의 연수원이 차이는 있지만 강사들에게 초특급 대우를 한다. 중소기업에선 보통 회사 건물에서 교육을 하거나 다른 교육시설을 빌린다. 로타리클럽 등의 단체 모임이나 네트워크마케팅 행사 등은 호텔이나 대학 건물을 빌려 진행하기도 한다. 공무원연수원, 교회, 여름 휴양지 어딜 가도 강사는 특급 대우다.

교육담당자들이 가끔 묻는다.

"멀리까지 와 주셔서 감사합니다. 스케줄 바쁘시던데 강의 다니시기 힘들지요?"

"예, 힘든 면이 있습니다. 차 막히면 늦을까 봐 걱정하고, 강의 준비한다는 게 아주 신경 쓰이는 일이지요."

그리곤 한 마디를 덧붙인다.

"힘들지만 너무 감사해요. 같이 하소연할 동료도 없고 보람도 없이 남이 시키는 것만 하던 어두운 시절이 엊그제 같은데, 이렇게 거의 하루도 쉬지 않을 정도로 강의하는 사람이 되다니요. 가방 제가 들어도 감사하고요, 장거리 운전을 해도 감사합니다."

난 너무너무, 진짜로 감사하다. 내가 만나는 연수원 임직원들과 경비, 청소원, 교육담당자, 영양사, 식당 아줌마까지 다 감사하다. 거기서 만나는 여러 쟁쟁한 강사님들과 교분을 갖는 것도 감사하다. 볼을 열 번 백 번 꼬집어도 꿈은 아니고 난 완전히 행운아다.

로또복권 당첨된 사람보다, 피박 광박에 쓰리고 흔들고 멍따의 영광을 누린 행운아보다, 부모에게 수십억 재산을 물려받은 사람보다, 이대호 홈런 볼 주운 사람보다 더 행복하고 감사하다.

고생 끝에 쨍하고 해 뜬 사람들을 찾아 방영하는 SBS '인생 대역전', 감동의 메시지를 전해주는 MBC 느낌표의 '길거리 특강', 톡톡 튀는 젊은이들의 KBS '대한민국 1교시', 아침마당 그 외에도 수많은 매스컴을 타게 된 것도 역경과 고독의 나날이 없었으면 불가능했다. 당시는 힘들었지만 졸린 눈 비비고 야간 운전하러 뛰어간 하루하루가 더욱 값지고 감사하다.

뭔가를 이루었으니 감사한 게 아니다. 감사하면 감사할 일이 생긴다. 주위 사람들에게 항상 감사하라. 친구에게 감사하면 친구가 도와준다. 상사에게 감사하면 상사가, 우주에 감사하면 우주가 도와준다.

6. 비전을 품어라

자, 이제 당신은 다섯 가지 성공 도구(메모, 개선, 현재, 즐김, 감사)를 가지고 살기로 했다. 이젠 마지막 화룡점정할 차례다.

바로 가슴에 목표를 품는 것이다.

박지성은 차범근을 품었다. 그리고 제2의 차범근이 되었다. 이청용은 박지성을 품었다. 그리고 제2의 박지성이 되었다. 안창호 선생은 교육입국, 국민계몽, 애국애족의 비전을 품었다.

도산 안창호 선생이 구세학당에 입학할 때 미국인 선교사 앞에서 면접시험을 치렀다. 선교사가 물었다.

"어디에서 왔는가?"

"평양에서 왔습니다."

"오호, 평양이 여기에서 얼마나 되는지?"

"8백 리쯤 됩니다."

"그런데 평양에서 공부하지 않고 왜 먼 서울까지 왔나?"

그러자 도산이 선교사의 눈을 응시하며 반문했다.

"미국은 서울에서 몇 리나 됩니까?"

"8만 리쯤 될까?"

"8만 리 밖에서도 가르치러 왔는데, 겨우 8백 리 거리를 찾아오지 못할 이유가 무엇입니까?"

안창호 학생은 나이도 어리고 망국의 백성이었지만 그 기개는 하늘을 찔렀고 면접은 대성공이었다. 식민지 조선의 학생이었지만 자세는 당당했고 면접관에 대한 지식은 치밀했다. 면접관들이 깜짝 놀라며 그 용기와 지혜에 대해 칭찬을 아끼지 않았다. 이러한 정신은 훗날 그가 주장하는 4대 정신(무실, 역행, 충의, 용감)으로 발전된다.

안창호의 면접에서 우리가 얻을 수 있는 게 있다. 당당함이 부족한 치밀함은 새가슴이요, 치밀함이 결여된 당당함은 푼수가 된다는 점이다. 사측에서 원하는 건 뭔지, 나는 그중에서 무엇을 제공해 줄 수 있는지, 그 결과 피차 어떤 이익을 창출할 수 있는지에 대한 논리적 무장이 필요하다.

당당함과 치밀함을 발휘해 일약 면접장의 스타가 된 인물을 소개한다. 그는 수백 명이 넘는 지원자를 상대하는 면접관의 심리를 꿰뚫고 유머면접화술을 치밀하게 준비했다.

여기는 S상사 면접이 열리는 강남구 도산공원 근처 본사 건물. 불경기라 그런지 구미와 동남아 시장을 공략하는 글로벌 영업사원 50명을 뽑는 가을 채용에 5천 명이 몰렸다. 무려 100:1 경쟁률. 점심 먹고 1시, 다시 오후 면접이 시작됐다.

오전 9시부터 쉴 새 없이 이어지는 수많은 젊은이들의 비슷비슷한 자기소개. 김권태 군, 이지루함 군, 박졸림 양… 비슷하기론 그 나물에 그 밥이요, 특징 없기론 그 술에 그 안주들이다. 나가고 나면 도무지 기억할 수가 없다. 중장년 면접관들 입에선 하품이 메들리로 나온다. 하지만 대충 뽑을 순 없다. 미래 회사의 동량들을 선택하는 자리 아닌가.

그때 그 지루함을 한번에 날려주는 젊은이가 등장했으니 자기를 기억시키는 최고의 노하우를 가진 최기억 군, 몇 번의 면접에 실패한 바 있는 취업 재수생 최기억 군은 현재 대학 5학년이다. 졸업하고 바로 취업하지 못하면 인기가 떨어지는 걸 감 잡고는 배낭여행도 할 겸 휴학을 하며 능력을 키우기로 한 것이다. 세계를 돌아다니다 보니 외국인들은 참 여유 있게 유머를 즐기는데 우리는 너무 각박한 표현을 쓴다는 걸 알게 됐다. 하여, 그때 영어와 함께 익힌 게 바로 유머센스였다.

"최기억입니다."

"기억해달라고 기억인가?"

"그렇습니다. 우리 회사같이 전 세계의 고객을 상대로 영업하는 입장에서 자신을 기억시키지 못하면 곤란합니다."

박 사장의 입술 끝이 살짝 올라갔다. '농담을 받아치는 여유에다가 뭐가 우리 회사야? 합격한 것도 아닌데 웃기는 친구 군.' 일견 엉뚱하다는 느낌이 들었지만, 부정적인 감정은 아니었다.

대부분의 학생들이 귀사에 입사하면, 뽑아만 주신다면, 이렇게 소극적인 자세를 보이는 데 반해 붙임성이 좋았다. 영업사원으론 제격인 셈. 게다가 유머를 듣고도 눈만 끔벅거린 오전 지원자들과는 달랐다. 메추리와 고니의 다름처럼 확연히 비교

됐다. 점심 식사 후에 웃음이라는 소화제를 찾던 면접관들의 시선이 최 군에게 쏠렸다. 면접을 자주 본 사람들은 알겠지만, 면접관들이 응시생들을 보는 경우는 그리 많지 않다. 대부분 서류를 훑어보다가 짧은 면접이 끝난다. 내 눈을 안 본다든가 질문을 별로 안 하든가 면접 시간이 짧다면 떨어진 것이라고 보면 된다.

계속 관심을 보이던 옆자리의 심 전무가 자못 심각한 표정으로 그러면서도 애정 가득한 눈길로 물었다.

"최기억 씨, 우리 삼비물산을 잘 아신다고 생각하세요?"

"네."

"아는 대로 말해 보세요."

"삼비(三飛)란 우리 회사 사가(社歌)에 나왔듯 전국으로, 아시아로, 세계로 날자는 뜻입니다. 이미 한국 시장에선 인정받고 있으니 이제 세계 시장을 석권해야 할 때입니다."

삼비에 대해 제법 정확히 알고 있으나 그 정도의 사전 지식을 인지한 사람들은 오전에도 많았다.

"최기억 씨, 취업이 되면 어떤 삼비맨이 될 텐가?"

나이가 지긋한 박 사장이 '하게' 체로 물었다. 반말은 식구들에게 하는 것 아닌가. 심정적으로 '이미 저 친구는 우리 식구야'라는 느낌으로 돌아섰다는 간접증거라 보아도 좋다. 최기억은 다시 자세와 시선을 새로운 질문자에게 돌리며 서글서 글한 웃음을 유지한 채 진지하면서도 단호한, 또렷하면서도 온화한 음성으로 대답했다.

"삼비맨에겐 삼비(3B)가 필요합니다. Beautiful! 튼튼함보다 아름다움의 부가가치가 높습니다. 훌륭한 상품의 특징은 이제 디자인입니다. 다음은 Book! 학습하는 조직이어야 합니다. 입사는 끝이 아니라 시작입니다. 목적이 아니라 회사 발전을 위한 첫 단계일 뿐입니다. 마지막으로 Best! 고객에게 최선을 다하는 모습이 감동을 줍니다. 박지성처럼. 이런 사람이 되도록 노력하겠습니다."

웃음과 함께 면접관들의 고개가 상하로 움직였다. 좌우는 실패고 상하는 성공의 사인 아니던가? 한자어 비(飛)를 영어의 비(B)로 돌린 유머적 해석은 흥미와 함께 그 자리에 모인 면접관들에게 감동을 주기에 충분했다.

최기억 군이 면접관에게 칭찬받고 감동을 준 이유는 무엇일까? 그에겐 입사의 비전, 성공의 비전이 뚜렷했다. 그러니 자신이 넘치고 눈빛에서 광이 나고 상대를 압도한다. 목표가 확실하면 인생이 재미있고 잘 풀린다. 일이 잘 안 풀리는 이유는 목표가 뚜렷하지 않아서다.

당신의 목표는 무엇인가? 당신 살이 떨리고, 심장을 떨리게 하는 게 무엇인가? 그게 당신의 목표다.

처음 내 목표는 백수 탈출이었다. 일거리를 얻은 후 다음 목표는 친구처럼 장가도 가고 폼 나는 직업을 얻는 것이었다. 그걸 이룬 후 나의 목표는 명예와 부를 얻는 것이었다. 간절하게, 살 떨리게 목표를 정하고 비전을 세우니 다 이루어졌다. 지금 내 비전은 제자다.

이젠 이 우주의 성공 비밀을 젊은이들에게 전하려 한다. 유머로 면접, 결혼, 스피치를 완성하는 법칙, 웃으면 웃을 일이 생기는 법칙, 유머로 표현하면 친구가 생기는 법칙, 꿈을 가지면 그리고 그걸 기쁘게 선포하면 이루어지는 법칙, 위대한 인물을 마음에 품고 연기하면 성격과 태도가 바뀌는 법칙. 그 법칙을 전하기 위해 최근 송파구에 김진배유머센터를 세웠다. 매주 3회 전국 각지에서 올라온 다양한 이력의 회원들과 성공 토막극, 리더의 유머화법 체험을 한다. 강사 지망생들은 일류 강사의 비전을 품고 이를 이루어간다. CEO 지망자들은 마음에 성공의 비전을 품고 웃으며 외친다.

마음만 열면 선배도, 사회도, 세상도, 우주도, 신도 당신을 도울 준비가 되어 있다.

이제 당신이 성공할 차례다. 파이팅!

전석순 작가

저자는 청춘이 아니면 쓸 수 없고, 그 시절에 써야만 하는 소설이 있다는 생각에 졸업 후에도 소설을 쓰겠다고 말했지만 주변의 반응은 냉담했다. 아르바이트를 하면서 꾸준히 글을 썼지만, 노력하지 않는 백수로 불릴 뿐인 청춘을 보냈다. 2008년 강원일보 신춘문예에 단편 〈회전의자〉가 당선돼 등단했지만 상황은 크게 달라지지 않았다. 고민 끝에 마지막 일 년이라고 생각하고 동시대를 살아가는 또래의 고민을 조금 다른 방향으로 담아낸 소설을 썼다. 그것이 상품 매뉴얼처럼 구성해 백수 청춘의 삶을 그린 〈철수사용설명서〉라는 소설로 2011년 '오늘의 작가상'을 안겨 주었다.

청춘은 질문의
시간이다

전석순 작가

Question 1. 후회하지 않겠니?

Question 2. 뭐 해서 돈 벌 건데?

Question 3. 몇 시간 남았어요?

Question 4. 무슨 회사 시험 준비하세요?

Question 5. 왜 남들처럼 취직 안 하니?

Question 6. 솔직히 힘들지?

Question 7. 그거 해서 뭐해?

Answer. 자기 자신에게 물어볼 것!

청춘은 질문의 시간이다

전석순 작가

"그거 알아?"

오랜만에 고등학교 동창 친구들을 만나는 자리였다. 한 친구의 목소리로 여기저기 흩어져 있던 시선이 한곳에서 만났다. 수선스럽던 자리는 일순 조용해졌다. 무슨 거창한 말이라도 하는 건가 싶은지, 좀처럼 먼저 입을 여는 사람은 없었다. 혹시 정규직이라도 된 건가?

"우리 이제 곧 서른이다."

맥이 풀려 다시 술잔이 오갔다. 모두 알고 있었던 건데, 얼마

전에도 저 생각을 했던 것 같은데 이상하게 처음 듣는 얘기처럼 낯설었다. 그러고 보니 이게 이십 대에 마지막으로 모이는 자리일 수도 있겠다는 생각이 들었다.

"서른이 뭐 별거라고 호들갑이야."

뒤에 웃음소리가 이어졌지만 뭔가 개운치 않았다. 사실 스무 살에 그랬던 것처럼, 서른이라고 해봐야 별거 없을 거란 걸 알고 있었다. 해가 바뀌고 서른이 되어서 만나도 우리는 크게 달라지지 않을 거라고 쉽게 예상할 수 있었다. 하지만 서른이 정말 별거 아닌 채로 올까 봐 금세 심란해졌다.

"아무것도 해놓은 게 없는데…"

"그럼 서른이 되기 전에 해봐야 하는 게 뭔데?"

그 얘기가 이어지자 다시 목소리가 잦아들었다. 표정은 출제 범위 밖에서 나온 시험문제를 봤을 때처럼 심각해졌다. 비정규직이라도 일단 돈을 버는 일을 갖는 것이나 토익점수 올려놓기 같은 것이 나오기 시작했다. 뒤에는 되도록 더 많은 여자 친구를 사귀는 것도 이어지고 늦기 전에 해외여행을 떠나는 것도 나왔다.

이거다 싶은 게 마땅찮았다. 모든 게 서른이 되기 전에 해봐야 할 것 같으면서 나중에라도 충분히 할 수 있는 것뿐이었다. 오히려 이런 고민으로 아까운 청춘을 까먹고 있는 건 아닌가 하는 생각이 들었다.

곰곰이 생각하는 사이 그동안 받았던 질문이 하나씩 떠올랐다. 그 중 청춘이 다 가기 전에 해야만 하고, 할 수 있으면서 하고 싶은 질문이 숨어 있을 것만 같았다.

Question 1. 후회하지 않겠니?

대학교 졸업을 앞둔 마지막 학기였다. 누가 뭐하는 사람이냐고 물으면 "대학생이에요."라고 대답할 수 있는 마지막 시간인 셈이었다.

그때쯤엔 모두 졸업 후의 진로에 대한 얘기가 대화의 주제로 떠올랐다. 우리에게는 '뭐하는 사람이냐?' 라는 질문 앞에서 꺼낼 수 있는 대답이 필요한 것이었는지도 모른다.

다들 청춘의 끄트머리로 달려가고 있었다. 그것만이 청춘의 마지막 표정인 것처럼 얼굴에 불안을 숨기기 힘든 때이기도 했다. 누가 정해준 것은 아니지만, 어쩌면 그래서 더욱 확연한 불안이었다. 그건 하고 싶어 하는 일을 못하게 될까 봐 생긴 것이 아니었다. 남들과 다르면 어쩌나 싶은 생각에서 오는 것이었다.

졸업하고 뭐 할 거냐는 교수님의 질문이 차례차례 이어졌다. 처음으로 질문을 받은 동기는 출판사 얘기를 꺼냈고 추가 질문은 없었다. 출판사에 가고 싶다는 건 더 물을 것도 없이 깔끔

한 답이었다. 그에 동조하듯 몇몇 사람들이 서로를 쳐다봤다.

"출판사에서 일하고 있는 우리 학교 출신 선배 알고 있는데, 혹시 연락처 필요하니?"

교수님은 대답이 나오기도 전에 칠판에 연락처를 적었다. 몇몇 사람들이 고개를 숙이고 연락처를 받아 적었다. 그걸 받아 적는 사람은 동조했던 사람들만이 아니었다. 듬성듬성 고개를 숙인 사람들이 보이더니 나중에는 한 무리 전체가 고개를 숙였다. 옆에서도 고개를 숙이니 나도 그래야 하나 싶었다.

"넌 안 적어?"

옆에 앉은 동기의 말에 얼른 고개를 숙였다. 왠지 그래야만 할 것 같았다. 출판사에 들어가고 싶은 생각은 없는데.

내 차례가 됐다.

"저는 계속 글을 쓸 겁니다."

곧바로 추가 질문이 나왔다.

"후회하지 않겠니?"

내가 틀렸다거나 잘못됐다는 대답과도 같은 질문이었다. 속내는 후회할 거라는 예상이었고 확신에 찬 목소리였다. 왜 후회라는 감정마저도 모두가 똑같은 기준으로 공유해야 하는 건지 알 수 없었다. 왠지 후회를 강요받는 것 같았다.

"…네. 후회, 안 할 것 같습니다."

교수님 표정이 어땠는지 알 수 없었다. 희미하게 한숨 소리가 들리는 것 같기도 했다.

글을 쓰겠다는 대답은 즉흥적으로 나온 것이 아니다. 대학교에 다닐 땐 작품을 교재 삼아 합평회를 진행하곤 했다. 수업에서도 자주 했고 모임에서도 그랬다. 이 과정은 잘한 점을 찾아내서 칭찬해주는 시간이 아니었다. 미흡하거나 실수한 부분을 들춰내는 과정이었다.

과격한 말이 오갈 때도 잦았다. 작품에 따라 정도의 차이는 있더라도 나 또한 그랬다. 매번 안 좋은 얘기를 들으면 그만두고 싶을 만도 한데 전혀 그렇지 않았다. 오히려 다음에는 이런 걸 써봐야겠다는 생각이 앞섰다. 그때 깨달았다. 글을 쓰는 걸로 바라는 게 하나도 없었다는 걸. 그래서 나는 평생 글을 쓸 수도 있겠다는 확신을 하게 됐다.

곧 다음 사람에게 질문이 넘어갔다. 광고회사나 대학원 진학 혹은 "모르겠어요." 같은 말이 좀 더 이어졌다. 어쩌면 나이가 들어간다는 건 벗어나 봐야 별 수 없다는 걸 깨닫고 정해놓은 기준에 맞춰가는 과정과도 같다는 느낌을 떨치기 힘들었다. 결국 다 똑같아져서 구분할 수 없게 되는 게 최종목표인 것처럼.

대답은 빠를수록 유리했다. 그래서 아무 생각 없이 회사에 들어가거나 대학원에 진학하는 것에 망설임이 없었다. 그게 정말 내 길인지 망설이는 사이 누군가는 벌써 석사과정을 마치고 신입사원 딱지를 떼고 있을 것이 분명하기 때문이다. 그러니 고민하는 시간조차 낭비처럼 보였다.

아직 서른도 되지 않았는데 벌써 인생의 모든 결과가 다 나버리는 것처럼 조바심이 났다. 어느새 청춘은 시작이 아니라 결과가 되고 있었다.

Question 2. 뭐 해서 돈 벌 건데?

몇 차례 휴학했지만 더 이상 졸업을 미룰 수 없었다. 그쯤 휴학은 마치 유행이나 필수과목처럼 모두가 공유하고 있었다. 등록금 문제이거나 어학연수를 다녀오거나 자격증을 따놓으려는 이유가 다양하게 있었지만 결정은 모두 같았다. 나도 별로 다를 게 없었다. 그나마 대학을 졸업하기 전에 제대로 된 소설을 써놓고 싶다는 욕심이 확연하게 들었지만 남들에게는 말할 수 없다는 게 좀 달랐다.

모두가 다 같은 사람이 되어가고 있는 건 아닌가 하는 생각이 들었다. 표준에 맞추려고 움직이고 있다는 생각은 그것을 벗어나면 불안하다는 것과 겹쳤다. 그러니 글을 쓰는 일은 나에게도, 나를 보는 사람들에게도 질문이 한 번 더 필요한 일이었다.

용돈을 받아 쓸 수는 없으니 주말에는 일하고 평일에는 글을 쓰거나 읽는 걸로 채워나갈 작정이었다. 몇 개월 만이라도 그러고 싶었다. 그런 걸로 아까운 청춘을 낭비하는 건가 싶었지만, 청춘이 아니면 쓸 수 없는 소설과 써야만 하는 소설이 있다고 생각했다. 다행히 그동안 모아놓은 돈으로 작업실 보증금은 마련할 수 있었다. 보는 사람들은 불편하지만 나는 안정적이고 만족스러운 생활을 이어갔다.

그쯤 친구들은 취업준비가 한창이었다. 어느새 친구들 사이에 오가는 인사말은 "어디 준비하고 있니?"가 되기도 했다. 나에게도 몇 번이나 물었지만 늘 같은 대답을 하니 더는 묻지 않았다.

종종 친구들에게서 연락이 왔다.

"자기소개서를 좀 봐주라."

"왜?"

"글 쓰는 걸 배웠으니 나보다 낫지 않겠냐? 부탁할게."

처음에는 주변 친구들 것을 하나둘씩 봐줬다. 그러다 그 중 한 명이 취업에 성공했다. 그걸 시작으로 주변 사람들이 연결돼 한동안 꽤 많은 자기소개서를 봐주게 됐다. 가끔은 고맙다며 약간의 돈을 주기도 했다. 그게 조금씩 모여 어떤 달에는 공과금을 낼 수 있을 정도였다.

처음에는 문법에 맞지 않는 내용이나 비문을 체크하는 것에서 시작해 문맥의 흐름을 만지다가 내용까지 조금씩 손을 대기 시작했다. 살아온 게 다 다른 사람의 이야기를 고쳐나가는 과정이라고 생각하니 만만찮은 일일 것 같았다. 그런데 조금 지나니 그 일은 수월하게 할 수 있었다. 익숙해져서 작업이 빨라졌기 때문은 아니었다. 그들의 자기소개서는 거의 비슷했기 때문이었다.

하고 싶은 일이나 취미 혹은 자라온 환경마저 똑 닮아 있었다. 남들과 조금 다르거나 도드라지는 게 있으면 그걸 드러내는 일은 좀처럼 없었다. 심지어 그게 그 사람의 가장 큰 특징일 때도 그랬다. 남들보다 뛰어나게 잘해서 취업에 도움이 되지 않는 한 다른 점을 드러내진 않았다. 그러다 보니 다 다른 사람인데도 그들이 쓰는 자기소개서는 뒤바뀌어도 괜찮을 정도였다. 그리고 그들은 그것이 자기를 말해주는 소개서인 것에 대해 조금도 의심하지 않았다.

다들 취업에 성공하거나 대학원을 가고 유학을 가니 자기소개서를 봐주는 일도 슬슬 뜸해졌다. 그때 시작하던 일이 문예창작과 실기시험을 도와주는 일이었다. 실기가 중요한 학과인데도 이것을 준비해주는 곳이 드물었다. 거기에 나도 입시를 준비할 때 실기에 대한 걱정으로 막막했던 게 생각나서 아르바이트 삼아 해보기로 했다.

누군가에게 도움을 주면서도 생활비를 벌 수 있는 일이었다. 다 알고 있다고 생각해버린 창작이론을 다시 한 번 공부해야 하는 것도 나쁘지 않을 것 같았다. 그런데 한 가지 걱정되는 것은 계속 고등학생의 습작을 봐줘야 한다는 것이었다. 글을 쓰는 데 부정적인 영향을 미칠 수도 있을 것 같았다. 돈을 벌려다가 오히려 더 큰 걸 놓칠 수도 있었다. 그래서 일단 시험 삼아 몇 달간만 해보자고 시작했다.

잘 여물지 않는 글을 보고 있으니 내가 입시를 준비하던 때가 생각났다. 학생들은 돈을 잘 못 벌 것을 알면서, 문예창작과에 진학하는 일을 주변에서 달가워하지 않을 것을 알면서 글을 쓰는 게 좋아서 썼다. 부족하더라도 그 열정은 문장 사이사이 빛났다. 걱정하던 일은커녕 내가 많은 걸 배웠다.

나는 모두 똑같이 써버린 자기소개서와 서툴러도 하고 싶은 일에 열정을 쏟는 습작 사이에 있었다. 그때 조금씩 지금 내 또래의 고민을 나의 목소리로 다뤄보고 싶은 욕심이 생겼다.

Question 3. 몇 시간 남았어요?

글을 쓸 때에는 거의 출퇴근하다시피 도서관에 다녀야 했다. 장편소설은 흐름이 끊어지면 다시 이어나가기 어려울 때가 잦아, 되도록 조금씩이라도 매일 써야 했다. 쓰고 싶을 때 쓸 수 있다는 게 얼마나 큰 다행인지 알았다. 그런 환경은 누가 만들어주는 게 아니라 스스로 조성해나가는 거란 것도 조금씩 깨닫는 참이었다.

필요한 내용이 있으면 조사를 하러 며칠간 어디를 다녀올 수도 있었다. 신춘문예에 당선되었던 소설을 쓰기 전에는 홍수피해가 난 지역으로 떠나야 했다. 거기서 어떤 일이 벌어지고 어떤 갈등이 생기고 어떤 냄새가 나는지 직접 가봐야 했다. 어차피 가는 거라면 봉사활동도 겸하는 게 좋을 것 같았다.

뉴스를 보다가 피해가 심한 지역을 중심으로 떠날 준비를 할 때였다.

"네가 드디어 정신을 차렸구나. 그래, 거길 다녀오면 취업에 훨씬 유리할 거야."

나는 말없이 고개를 끄덕였다. 그 사람이 말하는 건 '취업에 유리하다.'는 것이었고 내가 말하는 건 '소설을 쓰는 것에 유리하다.'라는 것이었다. 그 차이를 알고 있었지만, 굳이 설명하려 하지 않았다.

피해 지역에는 노란 우비를 입은 자원봉사자가 많았다. 상상했던 것과 비슷하게 혹은 전혀 다른 일이 벌어지고 낯선 목소리가 들렸다. 한창 수돗물에 세간을 씻어내는데 옆에서 누군가 다가왔다.

"몇 시간 남았어요?"

우비에 가려 얼굴이 잘 보이지 않았다. 물소리에 묻혀 목소리도 잘 분간할 수 없었지만 다행히 알아들을 수는 있었다. 그런데도 나는 무슨 얘기인지 몰라서 가만히 있었다. 그것이 짐짓 경계하는 것처럼 보였는지 곧 말이 이어졌다.

"아, 저는 이제 7시간쯤 남았어요. 그럼 해방이죠."

그제야 그게 봉사활동 시간을 말한다는 걸 알았다. 누가 정해줬는지도 모르고 그것을 따르고 다 끝났을 때 해방이라는 말을 쓰는 것 같았다. 뭔가 뒤바뀐 것 같단 생각이 들었다.

내가 계속 아무 말을 하지 않자 그는 곧 일어서서 다른 쪽으로 가버렸다. 여전히 얼굴은 보이지 않았다. 멀어지는 쪽을 바라보니 곧 한무리에 섞였다. 그새 비가 굵어져 그들은 곧 한 덩어리처럼 보였다. 모두 각각 몇 시간씩 남았는지 가늠해보고 있을지도 몰랐다. 아마 그들도 모두 같은 내용의 자기소개서를 쓰지 않을까. 사실 다 다른 사람인데도.

그들이 궁금한 건 '어디에 맞출 것인가?'가 아니라 '정해진 것에 얼마나 잘 맞춰지고 있는가?'에 대한 것이었다. 그건 중요했지만 처음으로 던질 질문은 아니었다. 몇 단계쯤 과정을 건너뛴 질문을 하고 있었다. 그런 생략은 효율적인 게 아니라 위험한 것이었다.

Question 4. 무슨 회사 시험 준비하세요?

장편소설을 쓸 때에는 형식적인 면 때문에 각종 사용설명서가 거의 교과서나 마찬가지였다. 여기저기서 구해 온 게 수십 개쯤 됐다. 도서관에 앉아 그걸 하나씩 훑어봤다. 소설에서 활용할 수 있는 문장이나 변형해서 사용할 수 있는 건 따로 밑줄을 그어 놨다. 겹치는 문장이나 자주 등장하는 문장은 따로 표시해야 했다. 얼핏 보니 중간고사를 앞둔 학생의 문제집처럼 보이기도 했다.

잠깐 화장실에 다녀와 내 자리로 가는 사이였다. 지나다니는 사람들이 유독 내 자리를 힐끔거린다는 걸 깨달았다. 왜 그러나 싶었는데 좀 더 가까이 가니 알 것 같았다. 옆자리에는 토익 책이 펼쳐져 있고 반대편에는 공무원시험을 준비하는 문제집이 탑처럼 쌓여 있었다. 건너편에는 뭔지 알 수 없는 자격증 문제집이 있었다. 도서관에 있는 내 또래들의 자리는 거의 그랬다. 그들은 자리를 바꿔 앉아도 괜찮을 것 같았다.

그 사이에 소설책이 쌓여 있고 사용설명서가 펼쳐진 책상은 눈에 띄었다. 토익이나 자격증 공부를 하지 않는 청춘은 도드라질 수밖에 없었다. 자주 마주쳐서 얼굴은 익지만 한 번도 말을 나눠본 적은 없던 남자가 두 번째로 말을 걸었다.

"혹시 전자회사 입사시험 보세요?"

나는 잠깐 웃었다. 남자가 며칠 전 처음으로 한 질문은 "무슨 회사 준비하세요?"였다. 뭘 하는지에 대한 질문이 아니라 무슨 회사에 대한 것이라 대답이 마땅찮았다. 남자가 '청춘이 할 수 있는 일은?' 이란 문제를 만든다면 객관식으로 오지선다형 정도면 충분할 것 같았다. 그건 객관식이 아니라 주관식이어야 하는데.

처음 말을 걸었을 때처럼 웃었지만 남자는 그것 외에 다른 건 더 생각나지 않는 눈치였다. 좀 더 지나면 회사 이름까지 맞추려고 할 것 같았다.

Question 5. 왜 남들처럼 취직 안 하니?

주변에서 대학원을 가거나 어학연수를 가거나 취직을 해서 첫 월급을 받을 때면 불안감이 밀려왔다. 개중엔 이제야 뭘 하고 싶은지에 대한 질문을 다시 하는 사람들도 있었다. 더 늦기 전에 그 질문을 하는 것은 환영할 일인데도, 한편으로는 아예 그런 질문을 하지 않는 게 좋지 않을까 하는 생각이 들었다. 하지만 그때마다 '어떤 회사' 인지에 대한 질문이 앞섰다. 회사에 다닐지, 안 다닐지, 다른 일을 한다면 무슨 일을 할 것인지에 대한 것은 빠져 있었다.

별다른 질문 없이 보내던 사람들 중에도 몇몇은 우울했다. 두 가지 정도 이유가 있었다. 첫째는 하고 싶은 일은 따로 있는데 여러 가지 이유로 다른 일을 하는 것. 그리고 둘째는 회사에서 요구하는 것을 제대로 할 수 있는 능력이 되지 않아서. 둘 중 무작정 거기에 맞추는 사람보단 그래도 뭘 하고 싶은지 알고 있는 쪽이 조금 나아 보였다.

그들은 질문에 대답하는 과정이 생략된 채로 답을 먼저 구했다. 이제는 자기가 풀 문제를 스스로 선택해야 한다는 것조차 어색한 일이 됐다.

회사에 들어가든 대학원에 진학하든 유학을 가든 그것이 모두 잘못됐다는 건 아니다. 누군가 회사에 들어가 주요 업무를 맡고 거기서 행복을 얻는다면 그걸 두고 뭐라 할 순 없다. 다만, 그것이 정말 자신이 원하는 것인지에 대한 질문과 그 과정을 생략한 채로 다른 사람의 기준에 맞춰서 움직였을 때는 위험하다. 다른 사람의 시선과 사회적인 분위기를 고려하는 것도 중요한 일이고 꼭 필요한 일이기까지 하다. 하지만 그것이 첫 번째는 아니다.

처음으로 귀 기울여야 할 것은 다른 모든 조건을 다 빼고 듣는 자신의 목소리다. 그 다음이 되어야 타인의 목소리도 또 사회적인 환경도 구체적으로 의미가 생기고 좀 더 세밀하게 해석해나갈 수 있다. 그런데 요즘엔 그 과정이 쏙 빠지고 생략된 채로 나아가기 시작한다. 그러니 청춘의 불안은 실체가 없고 점점 커지기만 한다.

Question 6. 솔직히 힘들지?

대부분 회사나 대학원에 다니다 보니 친구들을 만나는 일이 어려워졌다. 그나마 명절에 고향으로 내려오면 오랜만에 얼굴을 보는 정도였다. 이제는 오가는 말도 '어디에 취직할지.'에서 '여기서 얼마나 버틸 것인가?' 혹은 '어디로 옮길 것인가?'에 대한 것으로 바뀌어 있었다. 고단한 일상과 피로가 한꺼번에 터져 나왔다.

그 사이로 나를 향해 "요즘 너는 뭐해?"가 끼어들었지만 별다를 건 없었다. 그들이 나에게 부러워하는 건 두 가지 정도였다. 늦잠을 잘 수 있다는 것과 직장상사가 없다는 것. 많은 친구들이 비슷한 고민과 일상을 갖고 있다는 게 신기했다. 그리고 그 안에서 나만 다른 고민과 일상을 갖고 있다는 게 이상해 보일 것만 같았다.

그래도 당시엔 쓰고 있는 소설도 있고 주말에는 아르바이트를 하고 있었다. 늦잠을 자고 직장상사가 없을 뿐이지 사실 고단하기는 마찬가지였다. 단지 점심쯤 일어나서 밤까지 글을 쓰거나 책을 읽는다는 일과가 달랐다. 회사에 다니면 시간을 정해주겠지만, 그것도 아니다 보니 스스로 시간배분을 잘해야 했다. 그렇지 않으면 3일 정도쯤은 우습게 사라졌다. 그래도 하고 싶은 일을 할 수 있고 넉넉하진 않아도 생활비는 벌 수 있어서 제법 만족스러웠다.

하지만 친구들에게는 그렇게 보이지 않는 듯했다. 한 명이 먼저 운을 뗐다.

"괜찮아?"

"괜찮겠냐? 괜찮지 않겠지."

"그래도 마음은 편하잖아?"

내가 대답도 하기 전에 예상 답안이 오갔다.

"괜찮아."

"그래그래, 괜찮겠지. 그래도 우리 앞에서까지 아닌 척할 필요 없어."

몇몇은 신입사원을 모집하는 곳을 슬쩍 일러주기도 했다. 고맙긴 해도 쓰고 싶은 글이 많았다. 많은 사람들이 가는 방향이었지만 내가 가는 것과는 달랐다. 나에게는 중요한 일이 누군가에게는 어리석은 일이 될 수 있다는 것도 알고 있었다. 내가 정말 괜찮은 게 아니라 괜찮은 척하는 걸로 보이는 것도 무리는 아니었다.

집으로 가는 길 모두 다음날 출근을 걱정하고 있었다. 나도 다음날부터 쓸 소설의 이야기에 대해 생각하고 있었다. 그 표정이 좀 심각해 보인 모양이었다. 아마 후반부 이야기가 잘 안 풀릴 것 같단 생각이 들어서였을 것이다. 가던 길을 멈추고 친구가 물었다.

"솔직히 힘들지?"

나는 그게 내 청춘에 대한 마지막 질문인 것 같았다.

Question 7. 그거 해서 뭐해?

올해만 이렇게 글을 쓰다가 내년부터는 취업준비를 할 생각이었다. 그때까지 지금 쓰지 않으면 안 되는 소설을 찾아 썼다. 나중에 쓰면 더 잘 쓸 수 있는 소설이나 공부를 더 하고 써야 하는 소설은 정리만 해두고 뒤로 미뤄뒀다.

시간이 한정돼 있다고 생각하니 하루가 한꺼번에 이삼일씩 지나가는 것도 같았다. 그런데 이 모든 것이 다른 사람들에게는 '백수' 라는 단어 하나로 깔끔하게 정해져버렸다. 심지어 거기엔 수식까지 붙어 '취업할 노력을 안 하는 백수' 로 좀 더 구체화됐다.

백수 중에도 등급이 있다면 아마 제일 낮은 등급이 아닐까.

놀고 있는 게 아니라 소설 쓴다고 할 때마다 이어지는 질문은 "그거 해서 뭐해?"였다. 졸업하고 소설을 쓰면서 나름대로 바쁘게 지냈다고 생각했지만 다른 사람들에게는 아니었다. 소설을 읽는 것도 어떤 사람에게는 여가나 취미일 뿐이었다. 노력의 기준이 달랐다. 이쯤 되면 정신을 차리고 더 늦기 전에 취업준비를 해야 하는 건지도 몰랐다. 계속 이어지는 말마따나 정말 취업에서 도망치고 있는 걸지도 모른다는 생각이 잠깐 들었다. 하지만 여전히 모두 다 똑같이 회사에 다녀야 한다는 생각이 잘못돼 보였다.

마지막 일 년이라고 생각했을 때 동시대를 살아가는 또래의 고민을 조금 다른 방향으로 담아낸 소설을 가장 먼저 썼다. 누군가 정해놓은 표준에 맞춰지지 않아 괴로워하는 그들에게 사실 그 표준이 자신에게는 맞지 않는 것일 수도 있다고 얘기해주고 싶었다. 남들이 만들어 놓은 표준이 아니라 내가 생각하는 표준을 찾고 그 후에 노력해야 하지 않을까 싶은 의문으로 시작한 소설이었다. 그렇게 탄생한 것이 <철수사용설명서>이다.

그 소설로 <오늘의 작가상>을 수상했다는 연락을 받았다. 취업준비에 들어가기 조금 전이었다. 당선소식을 전해 듣던 통화에서 뭐하시는 분이냐는 질문이 나왔다. 어느 회사에 다니느냐는 질문이 아닌 건 처음이었다. 예전에 얘기했던 것처럼 일상을 쭉 나열했다.

"아…"

뒤에 뭐가 더 이어지려고 할 때 또 백수라고 하시려나 싶었다.

"…그럼 전업 작가시군요."

다른 사람들에게 일상을 말할 때 입에서만 맴돌고 막상 나오지 않던 말을 비로소 듣게 된 것 같았다.

Answer. 자기 자신에게 물어볼 것!

내가 처음으로 선택한 것은 나의 기준이었다. 질문에 대한 답이 조금씩 만들어지고 있었다. 그건 누군가 만들어준 답이 아니라 천천히 스스로 빚은 것이었다. 멀리 돌아온 것도 같았지만 다른 답을 정답인 것처럼 청춘을 보냈다면 나중에 언제 돌아와도 돌아올 것이었다. 그 과정이 가장 유연할 때는 청춘이다.

기준에 대한 의심은 시간 낭비가 아니다. 심지어 결론이 그 기준에 대한 확신과 자신이 잘 맞아떨어지는 걸로 나더라도 시간은 낭비된 것이 아니다. 무작정 정해진 기준에 맞추는 것보단 그것에 대한 질문과 고민의 과정이 있어야 한다. 그제야 그것은 무작정 견디는 것에서 벗어나 성장의 과정이 된다.

지금도 수많은 질문이 오가고 안에 찾아와 한동안 머물렀다

가 사라지기도 한다. 그것을 외면하고 정해진 답을 들춰본 후
무작정 그것에 따르는 것이 합리적인 것은 아니다. 더 늦기 전
에 근본적인 질문이 뭔지 생각해봐야 한다.

우리는 어쩌면 계속 남들의 평가를 받는 데 길들여지다 보
니 자신의 주체는 자기 자신이라는 점을 잊어버리고 살고 있
는지도 모르겠다. 다른 목소리를 끼워 넣지 말고 오롯이 내 목
소리 하나만 들어주는 시간이 청춘에게는 필요하다. 그때쯤이
면 타인이 던지는 질문이 사라지고 이제 스스로 던질 질문만
남을 것이다.

지금도 방문을 열어보면 질문들이 기다리고 있다. 생각보다
훨씬 많은 질문이 몸을 웅크리고 있을지도 모른다. 그리고 어
쩌면 그 질문들은 청춘과 함께 이제 막 떠날 준비를 하고 있을
지도 모르겠다.

허웅 SK 와이번스 선수

저자는 이제 SK 와이번스 1군 포수다. 10년이라는 시간이 흐르고 나서야 어릴 적 야구장에서 키운 1군 무대의 꿈을 달성했다. 군대에서 방출 소식을 듣고 실업자 신세가 됐을 때는 모든 것을 포기하고 장사에 매달리고 싶었다. 그뿐만이 아니다. 10년 동안 그는 매일매일, 매시간을 야구를 그만두고 싶다는 생각과 싸워야 했다. 하지만 결국 그 싸움에서 이겼기 때문에 그는 꿈을 이루었다.

포기하지 않는 한
기회는 반드시 온다

허웅 SK 와이번스 선수

1. 꿈이 자라난 사직구장
2. 일상이 되어 흐려지는 꿈
3. 목표를 잃고 현실에 젖어들다
4. 글러브를 벗고 골뱅이무침을
5. 다시 시작된 야구인생
6. 돌아온 프로 무대, 10년의 꿈
7. 따뜻한 관심이 주는 힘

포기하지 않는 한 기회는 반드시 온다

허웅 SK 와이번스 선수

나는 선수생활 10년 만에 1군 무대에 선 중고 신인이다. 2002년 프로에 입단할 때만 해도 서른이 다 된 나이에 1군이 되리라곤 상상도 못했다. 전체 18순위로 현대에 지명을 받아 포수로는 두 번째로 높은 순위였기 때문이다.

10년이면 강산도 변한다고 한다. 하지만 1군을 향한 내 꿈은 변하지 않았다. 야구를 포기하는 것은 내 삶을 포기하는 것과 마찬가지였다.

꿈이 자라난 사직구장

어린 시절 내 놀이터는 부산 사직구장이었다. 어머니는 구장 내 매점을 운영하셨고 그 덕분에 야구장을 종횡무진 누비고 다녔다. 그저 놀기만 한 것은 아니었다. 나는 나름대로 인기가 좋았던 배달의 기수였다.

나는 물을 부은 우동과 컵라면을 들고 손님들에게 배달하는 일을 했다. 바쁜 엄마의 일을 돕는다고 나선 것이었지만 사실 다른 이유도 컸다. 운 좋은 날에는 마음에 쏙 드는 손님들을 만날 수 있기 때문이었다.

"고놈 참 귀엽네. 부모님 일 도와주는 거니?"

"네. 여기 잔돈 오백 원이요."

"너희 엄마는 착한 아들 둬서 좋으시겠다. 잔돈은 네 용돈 해라."

'앗싸~'를 속으로 외치며 뒷주머니에 동전을 넣고 어머니에게는 비밀로 해두었다. 그런 비밀이 차곡차곡 쌓이는 중에 또 다른 것도 마음에 쌓여갔다. 바로 야구 선수에 대한 동경이었다.

수천 명의 사람이 오직 야구를 보기 위해 경기장에 오는 것이 신기했다. 사람들은 선수들에게 열광했고 그에 보답이라도 하듯이 선수들은 몸을 사리지 않고 멋진 경기를 펼쳤다. 그 많은 사람이 선수들에게 열광하는 모습을 보며 '나도 저기에 서면 좋겠다.'라는 막연한 생각을 했고 그것이 내 꿈의 출발점이 됐다.

나는 초등학교 3학년 때 부모님께 당당히 선언하고 나섰다.

"아빠! 나 야구할래."

"뭐? 대뜸 무슨 소리야?"

"멋있잖아. 유니폼도 멋지고. 나 야구할 거야."

"이 녀석 봐라? 그래 한번 해봐라. 엄마 아빠도 응원할 테니까."

부모님의 적극적인 지원 덕분에 야구부가 있는 학교로 전학을 갔다. 그리고 그 해 여름방학부터 본격적인 야구 인생이 시작됐다.

일상이 되어 흐려지는 꿈

대부분 아이들은 투수가 되기 위해서 야구를 시작하고 그 꿈을 키운다. 그런데 나는 좀 달랐다. 투수가 던진 공을 받기 편하게 하려고 포수 자리에는 조그만 의자가 있다. 나는 그 자리에 앉아 공을 받는 게 그렇게 재미있어 보였다.

공을 받을 때 느끼는 묵직한 힘과 경쾌하게 들리는 소리가 정말 좋았다. 물론 재미가 다는 아니었다. 시간이 흘러 점점 포수를 알아가면서 더 많은 매력을 느낄 수 있었다.

포수는 투수의 공만 받는 자리가 아니었다. 투수를 비롯한 내외야 선수들의 위치를 지정해주며 홈플레이트를 지키는 막중한 임무를 수행하는 사람이 포수였다. 상대 팀의 주자가 있을 때는 견제를 하며 도루를 막아야 해서 송구 능력도 좋아야 했다. 포수를 두고 '안방마님'이나 '중원의 사령관'으로 부르는 이유를 어설프게나마 깨달으며 초등학교 야구부 시절을 보냈다.

초등학교 때는 큰 무대에서 사람들을 열광시키겠다는 꿈이 확실했고 바로 코앞의 것처럼 느껴졌다. 손만 뻗으면 잡힐 것 같았다. 운동에 대한 별다른 어려움 없이 중학교를 지나 고등학생이 되었지만, 오히려 그 꿈은 흐려지기 시작했다.

돌이켜보면 난 그냥 아무 목표 없이 기계적으로 야구를 했던 것 같다. 공부를 하더라도 자기가 왜 공부를 하는지 모르는 사람은 좋은 성적을 내기 어려운 것처럼 이미 일상이 되어 버린 야구를 그저 멍하니 하고 있었다.

그렇다고 운동을 게을리하거나 한눈을 판 것은 아니다. 고등학교 2학년 때에는 내 바로 위 선배인 추신수 형과 배터리를 이루고 좋은 성적을 냈다. 덕분에 졸업을 앞둔 시점에서는 당시 포수로는 꽤 높은 순위로 현대에 지명을 받았다. 하지만 목표 없이 운동한 내게는 넘을 수 없는 벽이 기다리고 있었다.

목표를 잃고 현실에 젖어들다

현대에 입단해 프로선수로서의 생활이 시작됐다. 비록 1군이 아닌 2군 선수로 시작했지만 새로운 각오로 1군 무대를 향한 꿈을 다졌다.

아침 7시 반까지 훈련장에 가서 오전 훈련 준비를 했다. 그리고 2군 리그 경기가 끝나는 4시 이후에는 오후 연습으로 비지땀을 흘렸다. 저녁 8시가 다 돼서야 하루를 마감하는 생활이 한동안 반복됐다. 월요일은 쉬는 날이지만 연습장을 찾은 날이 더 많았다. 그러다 조금씩 반복되는 생활에 지치고 끝이 보이지 않는 비상구에 서 있는 느낌을 지우기 어려웠다.

그 당시 현대에는 내가 오랫동안 동경하면서 포수로서의 꿈을 키웠던 선수가 있었다. 바로 박경완 선배다. 그가 있는 1군 포수 자리는 감히 내가 넘볼 수 있는 자리가 아니었다. 박경완 선배가 이적한 후에도 또 한 명의 명포수 김동수 선배가 그 자리를 대신했다. 나에게까지 기회가 올 리 만무했다.

같이 운동했던 친구들은 이미 큰 무대에 서 있었다. 그들과 내 현실은 너무나 달랐고 그들과 비교하면서 더욱 방황하게 됐다. 기회조차 주지 않는 현실을 참 많이 원망했다. 하지만 돌아보면 그건 핑계에 불과했다. 준비가 되어 있지 않았기 때문에 기회가 없었다는 것을 그때는 알지 못했다.

나는 야구를 하고 있었지만 야구를 보지는 않았다. 단 한 번도 경기장을 찾아가 본 적이 없었다. 내 현실과 비교되는 것이 싫었고, 초라한 나를 만날 자신이 없었다. 결국, 자신감을 잃고 힘들어하는 모습을 부모님께 보여드리고 말았다.

"2군 생활에 젖어들지 마라. 기회는 언젠가 올 것이고 그때를 착실히 준비해라."

아버지께서 하시는 말씀을 쉽게 이해할 수 없었다. '나는 이렇게 벗어나려고 안간힘을 쓰고 있는데, 젖어든다는 게 대체 무슨 말씀이신지' 알 수가 없었다. 하지만 얼마 후 스스로 깨닫게 됐다. 나는 점차 현실에 젖어들어 2군 생활에 안주하기 시작한 것이다. 극복하려고 노력하기보다는 학창시절 멍하니 야구를 했던 그때로 돌아가 하루하루를 무의미하게 보내고 있었다. 무엇보다도 어떤 것이 내 꿈이었는지조차 기억나지 않을 만큼 꿈에서 멀어져 있었다.

글러브를 벗고 골뱅이무침을

결국 2군에서만 몇 년을 보냈다. 더는 입대를 미룰 수 없어 상무에 지원했지만 탈락했고 어쩔 수 없이 현역으로 군에 입대했다. 그리고 군 생활을 막 시작한 이등병 때 구단으로부터 뜻하지 않은 소식이 날아들었다. 바로 팀에서의 방출 통보였다. 초등학교 3학년 때부터 야구밖에 모르고 살았던 나에게 그건 직장을 잃은 충격을 넘어 삶을 송두리째 빼앗긴 것과 같았다.

한동안 마음을 추스르기가 어려웠다. 만약 그때 군 생활을 하지 않았다면 더 오랫동안 마음잡기가 힘들었을지도 모른다. 군대에 있는 것이 차라리 위로가 되었다. 일종의 소속감을 가질 수 있어서 그랬을 것이다.

휴가를 나와 집으로 갔다. 부모님은 팀에서 방출됐다는 소식을 이미 알고 계셨다.

"야구는 너의 길이 아닌가 보다."

"죄송합니다. 못난 모습 보여드려서…"

"아니다. 넌 성격이 사교적이니까 이참에 장사하는 게 더 좋을 것 같다."

"장사요?"

"그래. 제대하면 바로 일할 수 있도록 준비를 해놓을 테니, 그렇게 알고 군 생활 잘 마치고 나와라."

"알겠습니다."

장사를 하리라고 마음먹었지만 손에서 쉽게 야구를 내려놓을 수 없었다. 군대생활 중에도 틈틈이 시간 나는 대로 연습을 했고 몸을 만들었다. 내 사정을 알고 주변에서도 시간을 많이 빼주면서 배려해주었다.

여전히 마음이 복잡한 나와는 달리 부모님께서는 내가 전역 후에 바로 시작할 수 있게 식당을 열었다. 야구는 계속하고 싶었지만, 현실은 장사를 하는 것이 맞는다고 생각했다.

호프집을 열어 일을 시작했다. 필요한 재료들을 직접 장에 가서 사고 요리도 배워야 하니 할 일이 많았다. 내가 직접 만든 첫 야심작을 손님에게 선보였다.

"여기요~"

"네, 손님."

"알탕을 시켰는데, 다른 게 나온 것 같은데요?"

"알탕 맞습니다. 손님."

"근데 왜 알탕에 알이 없죠?"

붕어 없는 붕어빵은 들어봤어도 알 없는 알탕이라니. 불만에 가득 찬 손님을 달래고 다시 끓여내 위기를 넘겼던 적도 있다.

스포츠 경기를 자주 보여주는 곳이 호프집인지라, 애써 보지 않으려고 노력해도 어쩔 수 없이 눈에 밟히기 마련이다. 하루는 프로야구 중계를 보던 중 후배 장원준의 모습을 보게 되었다. 그 순간 '나는 왜 지금 여기에 있을까?' 라는 생각에 잠겨 일이 손에 잡히지 않았다. 그리고 다시 방황이 시작됐다. 그런 나의 마음을 알아채고 흔들리는 내 꿈을 잡아준 사람이 바로 어머니다.

"너 정말 야구를 하지 않아도 괜찮겠니?"

"장사해야죠. 먹고 살아야 하는데."

"지금껏 야구만 하고 산 네가 야구 없이 살겠다고? 그 오랜 시간 동안 1군 무대에 서서 관중들의 함성을 한 몸에 받겠다며 버텨왔는데, 그 꿈을 정말 포기할 수 있겠니?"

"…"

"마지막이라고 생각하고 다시 시작해. 가게는 걱정하지 말고."

사실 나는 전역 후에 여러 구단에 테스트를 받았다. 하지만 다시 나를 불러주는 곳은 없었다. 분명 내 실력이 부족했기 때문에 잘렸던 것이다. 공백을 딛고 다시 야구를 한다는 것이 부담스러웠고 자신도 없었다. 쉬는 동안에 몸도 7킬로나 불었다. 글러브에는 먼지가 수북했다. 그 먼지를 툭툭 털어내면서 내 안의 좌절감도 툭툭 떨어져 나가길 바랐다. 포기하는 것보다는 다시 일어서 꿈을 향해 달려나가고 싶다는 간절한 마음이 일었다.

다시 시작된 야구인생

한동안 놓았던 배트와 야구공, 그리고 글러브를 다시 들었다. 오전에는 동의대에 가서 야구연습을 하고 오후에는 배팅연습을 하다가 4시에 장을 보고 밤에는 호프집에서 일했다.

그 당시 동의대 야구부에는 선배가 코치로 있고 고등학교 시절 은사님이 감독님으로 계셨기 때문에 찾아가 부탁을 했다.

"연습 좀 하겠습니다."

나는 부끄럼을 타는 성격이 아니다. 그래서 아버지도 장사를 권하신 것인데, 후배들 틈에 끼어 야구를 한다는 것은 굉장히 부끄러운 일이었다. 하지만 '그래도 아무렇지도 않다. 뭐 어때?' 그렇게 마음을 다스리며 지푸라기라도 잡는 심정으로 연습에만 몰두했다.

그때 나는 선수 시절보다 더 열심히 연습했다. 후배들 앞이라 모범을 보여야 했기 때문에 농땡이도 피우지 않고 정말 열심히 했다. 빡빡한 하루를 마감하며 잠이 들기 전에는 내가 부족한 점이 무엇인지 돌아봤다. 그렇게 5개월 정도의 시간 동안 꾸준히 연습하며 몸을 만들어갔다.

드디어 2008년 8월 일본 독립리그에 진출해 선수생활을 다시 시작할 수 있었다. 그런데 선수들과의 호흡이 중요한 포수가 말이 통하지 않는 것은 큰 문제였다. 외국인 포수로서의 한계를 느끼며 8개월의 일본 선수생활을 접고 돌아왔지만, 그 시간이 헛된 것은 아니었다.

일본은 캐칭이나 빠른 송구와 같은 기본기에 중점을 두고 훈련하기 때문에 실력이 더 탄탄해지는 계기가 됐다.

한국에 돌아왔지만 내가 돌아갈 소속팀은 없었다. 다시 장사를 하며 꾸준히 훈련했다. 그러던 중에 국내에서 다시 테스트를 받을 수 있는 기회를 얻었다. 나를 좋게 봐주셨던 현대 시절 배터리코치였던 SK 금광옥 원정기록원께 용기를 내서 전화를 걸었다.

"테스트를 받고 싶습니다."

"지금 몸 상태는?"

"한 70퍼센트 정도인 것 같습니다."

"그걸로는 어림도 없으니 400퍼센트까지 끌어올려야 해."

"한 달만 시간을 주세요. 반드시 끌어올리겠습니다."

그리고 한 달 후, SK 김성근 감독님 앞에서 테스트를 받을 기회를 잡았다. 나는 주문을 외우듯이 나 자신을 세뇌시켰다.

"마지막이다. 이번이 마지막이다."

훈련을 하는 선수들 사이에서 1루에서 3루로 송구하는 테스트를 받았다. 주변의 시선에 신경 쓸 정신도 없었다. 오직 나만이 운동장에 서 있는 느낌이었고 절실했고 절박했다. 운동장에서 내가 할 수 있는 모든 것을 보여주리라 다짐하고 또 다짐했다.

다행히 연습한 대로 송구가 정확하고 빠르게 날아갔다. 내 모습을 지켜보던 김태균 코치님이 "니 왜 잘렸나?" 할 정도였다. 그리고 이어지는 감독님의 한마디.

"2군 숙소로 합류해라."

그렇게 해서 2010년에 신고선수로 SK와 계약을 맺었다. 5년 만에 프로 무대로 다시 돌아온 것이다. 쉬지 않고, 포기하지 않고 야구를 한 나에게 다시 따뜻한 볕이 들고 있었다.

돌아온 프로 무대, 10년의 꿈

어렵게 신고선수로 SK에 입단했지만 출전기회가 없었다. 또다시 기약 없는 2군 생활이 이어졌다. 2010년에는 일본 오키나와 전지훈련에서 연습경기에 자주 기용되고 시범경기에도 뛰었다. 하지만 1군의 벽은 너무 높았다.

처음 프로입단 후 2군 생활을 할 때는 '난 왜 안 되지?' 하는 생각을 하면서 한없이 주눅 들고 처져 있었지만 이번엔 달랐다. '안 되네? 다시 해보자. 될 때까지 하면 되지 뭐.' 그렇게 힘을 냈다. 내가 가장 후회하는 것이 2군 생활에 젖어들어 열심히 하지 않은 것이었기 때문에 '마지막까지 해보고 후회 없이 선수생활을 끝내자.' 라는 생각이 간절했다.

내가 기약 없는 2군 생활을 잘 버틸 수 있도록 옆에서 응원하며 지켜봐 준 사람이 있다. 임두리새암, 나의 여자친구다. 그녀가 있어서 나는 더 야구에 집중할 수 있었다.

2010년 여름, 야구경기를 보러 가자며 그녀가 조심스럽게 말을 꺼냈다. 내 현실과 비교되는 것이 싫어서 지금껏 단 한 번도 야구장을 가지 않았던 나지만 여자친구의 부탁을 뿌리치기 어려웠다.

선수가 되고 난 후, 처음으로 야구 경기를 보러 갔다. 맨 위쪽 관중석에 나란히 앉아 경기를 지켜보았다. 수많은 관중들 사이를 오가며 우동을 배달했던 때가 생각났다. 그때의 나는 야구 선수의 꿈을 키우며 큰 무대에 서겠다는 포부를 가진 당찬 아이였다. 어느새 훌쩍 자라 야구 선수가 되었지만, 여전히 나는 1군 무대의 주인공은 되지 못했다.

깊은 한숨이 나오려던 그때, 관중들의 입에서는 출전한 선수를 향한 응원가가 울려 퍼지고 있었다. 가슴이 쿵쾅거리기 시작했다. 무언가 뜨거운 기운이 내 안에서 솟구치고 있었다.

"한번 해볼게."

"응?"

"내가 이 운동장에, 나를 응원하는 응원가로 가득 채워볼게."

"생각만 해도 가슴이 떨려. 오빠는 멋지게 해내고 말 거야.

내가 장담해."

"그래. 열심히 해볼게."

그 약속을 지키기 위해서 나는 더욱 열심히 훈련했다. 그렇게 몇 주 뒤인 7월 28일, 복근운동을 하고 있을 때 1군 매니저로부터 전화가 왔다.

"허웅! 짐 싸야겠다."

"네? 무슨 짐이요?"

"내일부터 1군에 합류하라고. 짐 안 쌀 거야?"

순간 내 괴성이 온 세상을 덮었다. 정말 고래고래 소리를 질렀다. '1군이다. 그토록 꿈에 그리던 1군이다. 10년 만에 그 무대에 내가 선다.' 떠돌이처럼 방황했던 지난날도 감사하게만 느껴졌고 세상은 온통 밝은 빛뿐이었다.

이튿날 곧바로 정식선수로 등록돼 1군 엔트리에 내 이름이 올랐다. 그리고 7월 30일, 생애 처음으로 1군 무대를 밟았다. 나는 6회 주전인 정상호 선배님 대신에 교체 투입됐다. 비록 일찌감치 승부가 기운 경기였지만 흥분되는 마음은 쉽게 가라앉지 않았다.

나는 특유의 파이팅으로 투수에게 힘을 불어넣었다. 2군에서도 호흡을 맞췄던 희수가 마운드에 서 있었다. 6회 1사에서 상대 팀 선수인 가르시아가 타석에 섰고 희수의 3구째가 스트

라이크존을 약간 빗겨나갔다.

"오케이, 나이스 볼!"

나도 모르게 큰 소리를 외치자 가르시아는 자신을 자극한다고 생각했는지 화를 내면서 한마디 던졌다.

"셧 업(조용히 해)!"

나는 짧은 영어로 답했다.

"쏘리, 아임 마이너, 메이저 퍼스트 타임(미안해. 나 2군에만 있다가 1군 처음이거든)."

그러자 가르시아가 웃었다. 나도 따라 웃었다. 나는 긴장과 환희 속에서 1군 데뷔 무대를 마쳤다. 아쉽게도 패했지만, 경기를 마치고 덕아웃에 들어선 이후에도 얼떨떨한 기분은 오래 갔다.

나는 교체 출전 때의 패배를 설욕하기 위해서 며칠 동안 면도를 하지 않았다. 이길 때까지 면도를 하지 않는 것이 내 징크스이기 때문이다. 여자친구는 나의 징크스를 다른 방식으로 함께 하며 매일 경기장을 찾았다. 그녀는 내 이름이 새겨진 똑같은 유니폼을 빨지도 못하고 3일 내내 계속 입고 왔다. 더운 여름 주변인들에게는 민폐였을지 모를 일이지만 내겐 그저 향기로운 추억을 만들어 주었다.

드디어 8월 4일 선발 출장의 기회가 왔다. 너무 떨려서 가만히 앉아 있을 수가 없었다. 경기가 시작되려면 아직 1시간이나 남았지만 나는 포수 장비를 착용하고 덕아웃에 나왔다. 그리고 상대 팀 선수들이 연습하는 모습을 두 눈을 부릅뜨고 지켜보았다.

경기가 시작되고, 관중들의 환호성 때문인지 긴장한 탓인지 홈플레이트를 향해 걸어가는 내내 심장이 터져버릴 것 같았다. 하지만 떨리는 가슴은 이내 내 주특기인 넘치는 파이팅으로 바뀌었다.

일찌감치 점수 차를 벌리며 우리 팀은 승리에 한발 다가섰다. 반면에 실점은 1점뿐이었다. 경기가 잘 풀려서인지 나는 첫 안타이자 첫 타점까지 올렸다. 마치 끝내기 홈런이라도 친 것처럼 희열감이 온몸을 감쌌다. 그 많은 사람의 함성 속에서 내 이름을 부르며 기뻐하는 여자친구의 목소리도 들리는 듯했다. 내 생애 첫 선발 출장 경기는 9대 1의 기분 좋은 승리로 마무리됐다.

'야구를 그만뒀더라면? 중간에 포기해버렸다면? 흔들리는 나를 잡아준 사람들이 없었다면?' 그날 밤 이런저런 생각으로 나는 쉽게 잠을 이룰 수 없었다. 지금껏 꿈을 향해 달려온 나 자신에게 감사했고, 나를 지켜봐 준 사람들의 얼굴이 떠올랐다.

부산에 원정을 갔는데, 아버지로부터 전화가 왔다.

"어디냐?"

"여기 롯데호텔이에요."

"허웅이 호강하네~"

2군에 있을 때는 한 번도 가본 적이 없는 숙소였다. 내 어깨에도 아버지 목소리에도 힘이 들어갔다. 어머니의 목소리에도 힘이 넘쳤다.

"허웅 파이팅!"

경기장에 목소리가 울릴 정도로 쩌렁쩌렁한 어머니의 외침이 들렸다. 이제야 장남 노릇 하는 것 같아 뿌듯했다. 여자친구와의 약속을 지킨 내 목소리에도 힘이 들어갔다.

내가 타석에 등장하자 관중들의 노랫소리가 울려 퍼졌다.

"와이번스 허! 웅! 안타 치러가요~ 안타 치러가요~"

나는 좌절된 꿈으로 힘들어하고 있는 사람들과 그 주변 사람들에게 이야기하고 싶다. 어떤 사람이 자신의 꿈을 위해 고독한 길을 걷고 있을 때, 안 된다는 부정적인 말보다는 잘 될 거라는 말 한마디를 계속해주었으면 좋겠다. 지켜봐주면서 힘들 때마다 될 거라는 메시지를 한마디씩 해주면 정말 그 어떤 것보다 큰 힘이 된다.

나는 관심이 사람의 에너지와 가능성을 키워준다는 것을 1군 생활을 하면서 더욱 뼈저리게 경험했다. 1군 무대에서는 사람들의 관심이 폭발적이기 때문에 에너지를 얻고 더 힘이 난다. 50의 힘이 있다면 사람들의 함성을 들으면 100의 힘을 끌어낼 수 있다. 팬들이 있으면 컨디션의 문제는 중요하지 않다.

자신도 힘들지만, 더 힘든 주변 사람에게 관심을 갖고 힘이 되어 준다면 자신도 밝아지는 것을 경험하게 된다.

나는 자기변명을 늘어놓으며 오지 않는 기회를 원망하고 세상을 탓했다. 하지만 사실은 기회가 없었다기보다 준비가 되어 있지 않았다는 것을 뒤늦게 깨달았고 다시 꿈을 향해 일어섰다. 나는 언제가 또다시 2군 생활을 할지도 모른다. 하지만 올라갈 수 있다는 꿈을 포기하지 않는 한, 1군 무대는 다시 내게 손을 내밀어 줄 것이라고 확신한다.

고윤환 ㈜캘커타커뮤니케이션 대표

저자는 두 번의 실업자 수당을 받으며 백수생활을 경험했지만, 새로운 자신을 발견하는 시간을 통해 본인이 진정으로 하고 싶은 일을 찾고자 노력했다. 자신의 한계에 부딪혀 할 수 있다는 자신감을 찾은 후, 자금도 경험도 부족했지만 하고 싶은 일을 하기 위해 백방으로 뛰어다니며 노력했다. 결국, 자신의 신념과 오기로 벤처기업의 CEO로 당당히 홀로 서는 데 성공했다.

새로운 나를
만나는 여정

고윤환 (주)캘커타커뮤니케이션 대표

새로운 나를 만나는 여정

고윤환 (주)캘커타커뮤니케이션 대표

엊그제 창업을 한 것 같은데 벌써 2년이 지났다. 나의 유일한 창업 자금은 여행을 가기 위해 모아놓은 약간의 경비, 대학원 시절 쓰던 허름한 노트북과 외국에서 사온 애플 맥북 하나, 그리고 구형 휴대폰 2개가 전부였다. 처음에는 한 달에 100만 원도 부럽다고 생각했을 만큼 어려움도 많았지만 그것이 오히려 좋은 경험이 됐다.

나는 대학을 졸업하고 줄곧 IT 업계에서 일해왔다. 그런 내가 사회생활의 종지부를 찍고 기술력을 인정받는 벤처기업의

"

CEO로 성장할 수 있었던 것은 청년 백수 시절이 있었기에 가능했다. 나의 지난 시간을 돌아보고 새로운 '나'를 꿈꾸었던 시간이었기 때문이다.

지난 나를 돌아보는 재충전의 시간

2004년. 정든 회사, 나의 혼신을 바친 회사를 뒤로하고 세상 밖으로 뛰쳐나갔지만, 취업에 대한 고민이 없었다면 거짓말일 것이다. 그러나 취업보다는 진정으로 내가 하고 싶은 일이 무엇인지가 우선이었다. 돈이야 일하는 만큼 받으면 되지만, 가치관이나 신념은 돈으로 살 수 없는 것이라는 것을 10년여 직장생활을 하면서 배웠기 때문이다.

재충전을 위해서 이력서를 쓰는 것보다 우선 더 큰 세상을 향한 여행을 계획했다. 처음엔 우아하게 유럽 여행을 계획하다가 역사와 자연이 어우러진 새로운 여행지를 탐험하고 싶어서 베트남, 캄보디아 앙코르와트를 택했다. 자유롭게 티켓을 구입하고 여행지 스케줄을 짜고, 그곳의 역사와 신화, 그리고 경제현황을 틈틈이 공부해서 자료를 수집했지만, 생각만큼 자료가 충분하지 않았다. 그만큼 나의 여행목적지는 한국에서도, 나에게도 미지의 세계와 다를 바 없었다.

신개척지인 베트남, 그리고 직항 노선 하나 없던 캄보디아의

앙코르와트를 돌아보며 대자연과 어우러진 고대 건축물에서 인간의 가능성에 대한 도전을 배웠다. 과거와 현재를 이어주며 다양한 역동성을 간직한 그곳에서 재충전을 할 수 있었다. 특히 창업 기회가 된 베트남 프로젝트와 인연을 맺게 된 여행이었다.

그렇게 재충전을 하고 돌아온 나는 퇴직한 회사에서 연락이 와서 이번엔 직원이 아닌, 프리랜서로서 (주)데이콤멀티미디어인터넷의 프로젝트 일을 시작했다. 직원일 때와는 다른 자유로움과 수평적인 사고방식으로 동료들과 팀워크는 더욱 좋았고, 프로젝트에 집중할 수 있어서 양쪽 다 만족도가 높았다.

프로젝트에 임할 때 나의 원칙은 '갑 마인드 을'이다. 일단 '나의 프로젝트'가 되면, '우리 서비스', '우리 회사'로 고객사의 모든 것을 최우선으로 생각하고, 사용자의 입장에서 보다 편리하고 좋은 서비스를 기간 내에 만들 수 있도록 프로젝트 구성원들과 끊임없이 대화를 통해 최선을 다해서 일했다. 그 결과 아이러니하게도 '취업'이나 '일거리'에 대해 고민할 틈도 없이 프로젝트가 끝나면 여행을 떠나 재충전을 하고, 다시 새로운 프로젝트를 구했고, 회사 다니던 시절보다 더 적극적으로 일을 즐기게 되었다.

모든 프로젝트 결과물은 나의 브랜드가치라고 생각했기에

최선을 다했고, 프로젝트 종료 이후에도 계약기관과 별개로 추가적인 보증을 약속하고 이를 행했다. 언제라도 연락이 오면 해당 프로젝트의 이해관계나 필요한 조언과 자료를 제공했다.

자유, 도전 그리고 여행의 즐거움

회사를 그만두기 전에는 선배들이 퇴직 후에 유학이나 대학원에 진학하는 것이 이해되지 않았다. 그런데 나도 2006년에 대학원 진학의 길을 선택했다. 지친 심신을 달래고 미래를 위해 전공을 바꾸어 공부하기로 마음먹은 것이다.

경영대학원 특성상 직업이 있는 동료들이 대부분이었다. 하지만 나는 프리랜서다 보니 남들보다는 일과 공부를 부담 없이 즐길 수 있었다. 그래서 거의 웬만한 전공과목 교수님들 수업은 하나도 빼먹지 않고 들었고, 프로젝트 선정 시 매학기 학업의 로드맵과 함께 나만의 학습 성취도도 맞추어 나가면서 최선을 다할 수 있었다.

그렇지만 대학원에 적응하기가 쉽지만은 않았다. 일과 학업을 병행하다 보니 체력이 많이 저하됐고 쉽게 회복이 되지 않았다. 그래서 나는 내 삶에 최고의 셀프 선물을 주기로 결정했다. 책상머리에 앉아서 하루의 반 이상을 모니터와 씨름하던 내가 선택한 선물은 하루 8시간 내내 두발로 걷는 것이었다. 서른다섯의 나이를 잊고 대학생들이 하는 국토순례에 도전한 것이다. 그리고 배낭 하나 둘러매고 목포에서 서울까지 무려 26박 27일 간의 도보 여행을 시작했다. 여행을 위해서 대학원 종강과 함께 몸담아 일하던 회사의 프로젝트도 끝냈다. 서울까지 680km를 걸으면서 오직 나만을 생각하는 시간을 가졌다.

평소 책상에 앉아 PC 모니터만 보다가 하루 평균 30km 이상을 걸었으니 탈이 나는 것이 당연했다. 일주일 만에 오른쪽 발목이 부어올랐다. 아파도 참아야지 하고 무작정 걸었지만, 도저히 신발을 신을 수가 없어 결국 진행팀에 이끌려서 병원에 갔다.

발목을 본 의사 선생님께서 으름장을 놓았다.

"내년에 하세요. 더 걸으면 평생 불구가 될 수 있습니다."

하지만 나는 포기할 수 없었다.

"선생님! 다음은 없습니다. 저는 걸어서 서울까지 갈 거예요. 진통제를 주세요. 죽지 않을 만큼 걷겠습니다."

그러다 에베레스트 18좌 완등의 탐험가 박영석 대장을 알아본 의사가 갑자기 태도를 바꿔 성심껏 치료하기 시작했고 진통제와 함께 완주를 응원해 주기까지 했다. 포기하지 않고 끝까지 걷겠다는 나와의 약속을 지키기 위해서 매일 밤 일기를 쓰며 각오를 다졌다. 그렇게 나는 서울시청까지 두 발로 무거운 배낭까지 둘러매고 완주에 성공했다.

도보여행은 인간의 한계에 도전할 수 있는 계기가 됐다. 그리고 그동안의 내 사회생활에 종지부를 멋지게 찍고, 새로운 나를 만들어 가는 초석이 됐다. 여행은 중요한 순간마다 내 삶의 터닝 포인트가 돼주었다. 2009년 1월, 창업을 앞둔 시점에서도 마찬가지였다.

청년 백조, 날다

한 살을 더 먹는다는 것이 해가 갈수록 무겁게 느껴지던 어느 날, 다시 한번 나 스스로 선택한 두 번째 실업자가 됐다. 그러나 정작 백수가 되고 보니, 경제적인 어려움을 떠나 명예와 자존심에 상처를 입지 않을까 하는 두려움이 먼저 앞섰다. 그래서 가족이나 친구와도 만나려 하지 않았고 대화를 하고 싶지도 않았던 연말연초의 우울한 시간을 보내고 있었다. 드문드문 선배와 친구들을 만나긴 했지만, 언제나 나는 혼자라는 느낌을 지울 수 없었고, 늘 부족하다고 생각했던 3개월간의 마지막 실업자 생활에서 나는 어떻게든 턴어라운드하고 싶었다.

실업 수당을 신청하러 간 기관은 말 그대로 인산인해였다. 상처받은 백수를 위로해줄 곳은 그 어디에도 없었다. 나는 오직 실업 수당에 집중된 행정에 또다시 마음의 상처를 입었다. 그러다 우연히 취업 상담을 받게 됐다. 낯선 사람에게 용기를 내어 노트북에 담아온 파워포인트로 만든 30쪽짜리 자기소개서를 보여드리며 쑥스러운 자기소개를 했다. 첫 직장부터 IT 한 길만 걸어온 십여 년을 소개했다. 그 분의 첫 한마디는 내 마음을 움직였다.

"정말 열심히 사셨네요."

짧은 말이었지만 눈빛이 그렁그렁하니 진심으로 내 삶을 이해해주려고 한다는 것을 느꼈다. 그리고 이어 조언의 말씀을 해주셨다.

"그동안 경험한 삶을 정리하는 시간을 가져보세요. 당신의 경험을 다른 사람에게 전달해보면 좋겠어요. 그리고 앞으로 삶의 미래를 계획해 보세요."

단순한 취업이나 직업을 조언하기보다, 진심에서 우러나는 따뜻한 조언을 해준 상담 선생님 덕분에 나는 그동안 내가 살아온 삶이 헛되지 않았다는 확신을 갖게 됐고 용기를 얻을 수 있었다. 그리고 새로운 나를 만나기 위해서 새로운 세계로의 여행을 준비했다. 나는 '나를 찾아가는 6개월간의 여행'을 또다시 계획했다. 그렇지만 당시에는 환율 폭등, 주가 폭락, 경기 악화 등으로 준비했던 여행을 가기가 너무 부담스러웠다. 비행기 표 값만 딱 99만 원 유류할증이 되었고, 현지 체류 비용 역시 2배 이상 올라서 계획했던 여행기간이 2~3개월 만에 끝날 수밖에 없는 지경이었다. 잠깐 동안은 우울했지만 여행의 방법을 바꿔보기로 했다. 현금 30만 원을 찾고 그동안의 마일리지를 모아서 제주 왕복 티켓을 샀다. 그리고 부산에서 오랜 친구와의 조우를 시작으로 '나를 찾아 떠나는 여행'을 하기로 했다. 지금은 유행이 된 제주 올레길을 걷기 위해 떠났다. 편안하고 자연경관이 좋은 소박한 제주도 시골 여행이었다.

아침에 눈을 뜨면 걸었다. 걷다가 힘이 들면 쉬었다. 걸으면서 눈에 보이는 모든 것을 사진에 담고 자연, 동물, 하늘, 바람과 대화를 했다. 그리고 그동안 걸어온 나의 삶을 되돌아보면서 마음의 상처를 치유했다. 여행지에서 만난 사람들과 2천 원 회비를 걷어 막걸리를 마시는 즐거움, 길가다 얻은 야채를 맛있게 먹었던 시간들, 그리고 길에서 만난 사람들과의 삶을 배우면서 나는 다시 힘을 얻었다. 모든 것을 홀가분하게 한 10일간의 제주여행은 돌아오는 길엔 선물용 초콜릿까지 사오는 여유까지 허락해주었다.

사실 이 여행은 내 삶의 첫 사업계획서를 쓰기 위한 '자신감 재충전'의 시간이었다. 여행의 마지막 날, 게스트하우스 사장님께 부탁해 어촌 청년회관의 컴퓨터를 하룻밤만 빌리기로 했

다. 그리고 아침 6시 동이 틀 때까지 꼬박 밤을 새워서 내 삶의
첫 사업계획서와 프레젠테이션 자료를 만들었다. 그리고 비행
기로 서울에 올라왔고, 내 마음의 전부를 담아 준비한 '중기청
예비기술창업자 프레젠테이션'에서 혼자 힘으로 당당하게 출
발을 하게 됐다. 첫 사업을 선정 받고, 최종 결과물과 서비스를
론칭하고, 특허를 내면서 출사표를 던졌다. 또한 기술의 우수
성을 알리고 시장에 출시하기 위해서 콘텐츠 제작을 직접 하
기로 했고, 이를 위해 백방으로 뛰어다니다가 '1인 창조기업
사업(한국콘텐츠진흥원)'에 도전해 당당하게 선발됐다. 곧 사
업자등록증을 내고, 진짜 나의 이름으로 내가 주도하는 사업
의 첫 특허와 창업이 본격적으로 시작됐다.

심사위원들의 어렵고 괴로운 질문에 객관화된 해외 데이터
를 기반으로 솔직하게 대답했다. 당시 아이폰이 국내에선 출
시 전이었기에 막연한 질문들에 대해 글로벌마켓 트렌드와 신
기술을 적극적으로 설명하며 끈질기게 설득했다. 그리고 당당
하게 '나의 프로젝트'를 정부의 지원을 받아 시작했다.

세상에 출사표를 던지다

새로운 일을 찾고자 고민하던 어느 날, 그동안의 경험을 토
대로 내가 중심이 되는 "나의 꿈, 나의 프로젝트"를 직접 만들

었고 '인간적인 삶' 을 만들어보고자 도전을 결심했다. 그 꿈이 구체적으로 다듬어져 창업에 이르게 된 것은 대학원 연구실에서의 경험 때문이다. 나는 대학원 연구실에서 이경전 교수님(경희대 경영학과)의 지도 아래 선배님들과 세미나 및 스터디를 자주 했다. 그 시간을 통해 현업에서 했던 ASP(Application Service Provider) 경험을 Web에서 모바일로 이어주는 '모바일 비즈니스 모델' 을 만들게 됐다. 그리고 창업 전문가의 조언을 받아 본 결과, 내 아이디어가 국내 및 해외 특허출원이 가능하다는 의견을 들어 본격적으로 사업에 뛰어들었다.

처음에는 국내에 없는 아이폰 애플리케이션으로 출사표를 던졌다. 그것도 단순한 앱이 아닌 모바일 솔루션을 토대로 한 애플리케이션을 만들어서 내놓기로 한 것이다. 그때는 아이폰이 한국에 출시되기 전이었기 때문에 주변에서는 비관적인 말이 많았다.

"너무 핑크빛이다."

"아이템은 좋지만, 한국에서는 안 된다."

그럴 때마다 나의 멘토인 교수님과 선배님들이 큰 힘이 됐다. 그리고 법률, 특허, 사업 방향, 마케팅에 걸쳐서 고민이 있을 때마다 서울시 2030 강남청년창업센터의 도움을 받았고, 그 덕분에 기술특허를 무사히 낼 수 있었다. 이후 성공적인 개발과 창업까지 무사히 가게 됐다. 그렇지만 어느 것 하나 쉬운 것은 없었다. 창업을 위해서 그 많은 돈을 어떻게 마련할까는 늘 고민이었고, 그 고민을 자력으로 해결하기로 했다. 그렇지만 사업의 방향과 다른 의도의 돈벌이에 대해서는 거절하느라고 힘들었다.

3개월 파견에 월 500만 원을 주겠다는 달콤한 프로젝트의 유혹 대신 텅 빈 방에 덩그러니 책상만 있는 방(처음에 책상 2개로 시작해서 4개까지 확장)에서 쉼 없이 일했다. 창업 1년간 필요한 최소 금액 1억 원가량의 개발비를 당당하게 정부의 창업 지원프로그램을 통해서 구할 수 있었다. 그래도 부족한 돈은 각종 프로젝트와 강의 등으로 모은 것과 갖고 있던 주식을 처분해서 충당했다.

중기청 기술창업 지원자가 되면 기업 부담금을 납부해야 하는데, 당시 500만 원은 너무 큰돈이었다. 그런데 잊고 있던 주식이 도움이 됐다. 서울까지 도보여행 프로그램을 후원해준 벤처기업(N사) 주식을 기념으로 샀는데 그것이 창업자금의 첫 출발에 도움을 주었다. 또 창업 초창기에 힘들어 쓰러지고 싶었을 때, 산악인 박영석 대장님의 한마디가 내게 큰 깨달음을 주었다. 지친 마음에 대장님을 찾아갔다. 그는 남극 탐험에 실패하고 다시 재도전 길에 오르기 전이었다. 성공 비결을 묻는 내게 말씀하셨다.

"성공 비결은 별다른 게 아니다. 될 때까지 도전하는 거다! 해는 누구에게나 공평하게 매일 뜬다."

"네."

"도전도 안 해보고 못 하겠다고 하는 사람이 세상에서 가장 나쁜 놈이다!"

난 그 말씀에 자극 받아 초심으로 돌아갈 수 있었다. 당시 주변의 만류에도 불구하고 내 신념과 확신으로 창업하며 새로운 나를 만들기 위해 도전했던 숱한 날들을 떠올렸다. 그리고 다시 될 때까지 도전하리라 마음먹었다. 나는 다시 힘을 내서 '창업' 자가 들어간 사업에는 무조건 제안서를 디밀었다. 24시간을 꼬박 100쪽의 사업공고 문서를 한자 한자 곱씹고 분석하고, 계획해 작성했다. 그러다 보니 레이저프린터 토너를 일주일 만에 다 쓴 적도 있었다. 성공하려면 밤을 새워서 할 만큼 간절해야 하는 걸까? 신기하게도 밤을 꼬박 새우고 쓴 문서로 제안한 곳만 채택됐다. 많은 공모전과 사업 제안에서 쓴맛을 보았지만 '될 때까지' 계속 시도했고 결국 내 꿈을 펼칠 수 있는 기회를 만들어냈다.

지금도 내 업무용 폴더에는 '성공'과 '실패'로 시작되는 많은 문서들이 있다. 흔히 왜 실패를 모아 두느냐고 하지만 내 생각은 좀 다르다. 가끔 새로운 제안서나 도전을 할 때, 실패 문서도 꼭꼭 챙겨봐야 한다. 그 이유는 '실패는 성공의 어머니'이기 때문이다.

'숲으로 갈까?'의 탄생

2009년 12월 아이폰이 국내에 출시되면서 나의 예상대로 열풍이 일었다. 어느새 주변의 비관적이던 평가는 희망으로 바뀌어 갔다. 창업한 지 6개월 만에 특허도 내고, 첫 전시회도 성공적으로 마치고, 개발도 순조롭게 진행됐다. 그런데 문제가 생겼다. 그날도 프레젠테이션을 하러 강남으로 갔다. 평소와 다름없이 한 손엔 노트북 가방, 다른 한 손엔 서류를 들고 주차를 하고 나서는데 그만 발목을 삐었다. 영하 12도의 추위와 불운이 겹쳐 발목이 골절된 나는 결국 크리스마스이브에 수술을 받게 됐다.

사업의 첫 서비스 출시를 코앞에 두고 병원 신세를 지게 된 것이다. 그러나 그동안의 노력을 포기할 수 없었고, 시기를 늦출 수도 없었다. 어쩔 수 없이 병실에서 첫 서비스를 오픈해야만 했다. 그리고 맞은 새해부터 5개월여 동안 목발과 휠체어에 몸을 맡겨야 했고 집과 사무실만 오갔다. '이게 무슨 운명의 장난인가' 싶고 참 힘들었다. 솔직히 몸이 아프니 모든 것을 포기하고 싶을 때가 한두 번이 아니었다. 홍보를 위해서 뛰어다녀도 시원찮을 판국에 깁스한 창업자라니, 운명이라고 여기고 도전을 그만하고 사업을 정리하려고 마음먹은 날도 있었다.

그러나 거동이 불편하다고 해서 마냥 쉬고 있을 수는 없었다. 외부 미팅에 목발을 짚은 채로 가기도 했고, 공식행사에 깁스한 채로 프레젠테이션을 하고, 기념촬영까지 했다. 더 많은 시간을 책상에서 여러 가지 아이디어를 생각하고 개발에 몰두했다. 그러다 틈나는 시간에는 '다리가 나으면 가고 싶은 여행지'를 적기 시작했다. 공기 좋고 걷기 좋은 곳을 적으면서 나를 위로했던 것인데, 그 자료가 쌓여서 '숲으로 갈까?'라는 앱이 탄생하게 됐다.

수목원, 휴양림, 테마공원에 대한 정보를 담은 이 앱은 지방 출장을 가게 되어도, 처음 간 지역에서도, 사무실에서도 근처에 한 시간 이내로 갈 수 있는 '숲'을 찾아 주도록 개발됐다. '숲으로 갈까?'를 등록하고 며칠이 지난 아침, 앱스토어 여행 카테고리에서 1등을 달리고 있는 것을 확인했다. 잠이 다 깨고 밥을 안 먹어도 배부를 정도로 마냥 행복한 심정이 들었다. 더불어 나는 지금 내가 하는 일을 너무 사랑한다는 것을 새삼 느꼈다. 불편한 몸을 극복하는 방법으로 선택한 것이 '앱 개발'이었으니 말이다.

처음에는 대기업을 대상으로 수익모델을 생각했다. 그렇지만 이제는 '캘커타'라는 이름으로 애플사에서 작지만 매달 송금이 들어오고 있다. 내 도움을 구하는 후배 창업자들과도 경험을 공유하고 나누면서 보람이 쌓이고 있다. 이제는 내가 만든 서비스를 해외에 소개하고 있다. 특히 모바일은 국경 없는 비즈니스로 다국어서비스도 가능하고 해외 수출도 판매자가 주도하여 마음대로 할 수 있다. 특히 언제 어디서나 어느 나라에서도 할 수 있는 서비스다. 휴가지에서도 아이폰, 아이패드만 있으면 업무가 가능하다. 얼마나 멋진 삶인가?

작년 여름휴가 10일 중 3일은 대만에서 국내 서비스 오픈하는 일을 했다. 휴가 기간 중간에 3일을 귀국하기 아까워 휴가를 포기할까 했는데, 모바일 비즈니스였기에 외국에서 한국의 업무를 할 수 있었다. 예전에 회사생활을 하던 당시를 생각하면 상상도 할 수 없는 일이다.

신념과 오기로 될 때까지!

나는 두 번의 실업 수당을 받았다. 처음 그만둘 때는 아주 신이 났다. 퇴직금과 함께 위로금이 나오는 마지막 찬스였고, 그 타이밍을 통해서 배움과 새로운 세상을 보는 데 아낌없이 투자했다. 그러나 두 번째이자 마지막이 될 것 같은 실업 수당을 받을 당시에는 두둑한 통장 잔고도 없고 마음은 황폐하고 나이도 적지 않으니 심한 패배감이 들었다. 하지만 세상과의 소통을 포기하지는 않았다. 그리고 결국 창업에 성공했다.

만약 당신이 창업을 생각한다면 그냥 편하게 재취업하자는 생각 따위는 잊을 만큼 독하고 용감해져야 한다. 그리고 포기하지 않을 수 있는 열정과 체력, 그리고 솔직함이 있어야 한다.

솔직함이란 주변 사람들에게 도움을 청하고 함께 나누는 것이다. 나는 교수님과 여러 인생의 선배님들, 그리고 나보다는 젊지만 패기 넘치는 동기들과 후배들이 있었기 때문에 홀로서기에 성공했고 지금은 스스로 결정하고 일을 해결해 나가는 힘을 얻었다. 달리 말하면 '사람'으로부터 배우는 것을 게을리 해서는 안 된다.

사실 회계나 특허는 전문가를 찾아서 아웃소싱이 가능하지만, 힘들 때 함께 나누고 밤을 새워줄 동료, 내 일처럼 함께 고민하고 조언을 해줄 수 있는 것은 '기술'도 아니고 '돈'도 아니고 바로 '사람'이다.

지금도 내 책상 첫 번째 서랍엔 여권과 그린카드(실업자수당카드)가 있다. 선택하기에 따라서 포기할 수도 있고, 열심히 일하고 당당하게 여행을 떠날 수도 있다. 모든 것에 순응하는 것도 좋지만, 때로는 스스로 게임의 룰을 만들어서 '나의 삶'

과 '일'을 직접 만들어 가는 게 진짜 멋진 삶이 아닐까?

좌절은 누구에게나 찾아오기 마련이고 언제나 힘에 부친다. 중요한 것은 돈을 얼마나 버느냐가 아니라 어떻게 열심히 살아 '나'의 존재가치를 세상에 당당하게 남기는가이다. 신념과 오기로 될 때까지 해야만 한다. 그 사람이 진정한 승자다.

당신의 멋진 삶에 지금 도전하길!

지승룡 민들레영토 대표

저자는 재수생활 중에 자기 발견을 하기 시작해 신학을 전공하고 목회자의 길을 걸었지만 오랜 고뇌 끝에 다시 삶의 자리로 돌아와야 했다. 3년 동안 도서관에서 지내며 2천 권 정도의 책을 메모하며 삶의 지혜와 위로를 얻었고 자신감을 회복하며 민족카페를 지향하는 민들레영토를 열었다. 민들레영토의 시작은 무허가였다. 10평짜리 장소에 경험도, 조직도 없었지만 10년 만에 4천 평이 넘는 규모로 발전했다.

훌륭한 시도는
실패하더라도 위대하다

지승룡 민들레영토 대표

1. 3년간의 도서관 구도자의 길
2. 우리가 버려야 할 10가지
하나. 성공이 보장되어야 시작한다
둘. 모든 조건이 갖추어진 다음에 일하겠다
셋. 일하기 전에 습관적으로 불가능을 생각한다
넷. 결정한 일이지만 반대자를 만나면 흔들린다
다섯. 편하다는 이유로 내 방식을 고집한다
여섯. 지나간 기회를 늘 아쉬워한다
일곱. 두려움 가운데서 판단한다
여덟. 사는 것이 늘 거기서 거기라고 생각한다
아홉. 실질적 결과보다는 감정적 대응을 우선한다
열. 지금 안고 있는 문제의 해결 방법이 없다고 생각한다
3. 절망을 털고 희망을 채우길

훌륭한 시도는 실패하더라도 위대하다

지승룡 민들레영토 대표

나는 내성적인 사람이다. 그저 평범하고 약간은 모자란 편에 속한다. 나는 한때 우울증, 자살 충동, 실직, 무기력증 등 겪지 말아야 할 삶의 고통에 범벅됐던 적이 있다. 그러나 내가 부양해야 할 많은 가족과 감당해야만 했던 현실은 문제해결자의 길로 나를 초대했다. 내가 원해서가 아니라 어쩔 수 없는 상황에 던져졌다지만 세상에 밀려 억지로 살 수만은 없는 일이었다.

부디 그러지 않길 바라지만, 아마도 많은 젊은이들이 내가 느꼈던 고통을 겪고 있거나 겪게 될 것이다. 나는 그 고난을 잘 견디고 어떤 맥을 잡는다면 분명히 더 큰 힘을 가질 수 있다는 희망을 말하고 싶다. 그 '희망 이야기'를 여기에 적을까 한다. 이 이야기는 사람들이 궁금해 하는 민들레영토의 성공 비결이기도 하다.

3년간의 도서관 구도자의 길

힘들고 지친 나날들이 계속됐다. 그러다가 어느 날 우연히 어떤 사람을 따라 도서관에 갈 기회가 생겼다. 그런데 그 사람의 모습이 굉장히 신선했다. 마치 자신을 위해 내공을 쌓는 도시의 구도자 같았다. 그 분위기가 좋아서 나 역시 도서관 구도자의 길을 걷게 됐다.

우선 나처럼 힘든 사람들의 이야기가 담긴 책들을 찾아 읽었다. 그 책들을 읽는 내내 큰 위로를 받았고 마음이 편안해짐을 느꼈다. 그리고 어려움을 이겨낸 지혜로운 사람들의 이야기가 만화책처럼 재미있었다.

'그래. 이것을 기회로 삼자. 나는 지금 찬스를 잡은 거야.'

책을 읽으며 메모를 하기 시작했다. 스스로 적자생존이라고 생각했다. 여기서 말하는 적자는 '기록하자'라는 뜻이다. 책을 별로 읽지 않고 살아온 나에게는 기적 같은 일이었다. 관심 가는 분야를 하나씩 찾아서 보니 스포츠신문이나 만화를 보듯이 푹 빠져들었다.

하나씩 읽은 책들 그리고 메모한 글들, 집에 오면서 다시 묵상한 글들이 차곡차곡 쌓여갔다. 세어보니 2천 권 정도의 책이 메모로 정리돼 있었다. 그리고 어느 틈엔가 마음속에선 알 수 없는 자신감이 자라나고 있었다. 도서관 생활을 한 지 3년이라는 시간이 지나서였다.

나와 체질적으로 맞지 않고 또 쑥스럽고 이상해도 일단은 책 속의 지혜를 나의 삶에 적용해 보기로 결심했다. 그리고 이런 도전적인 삶은 언젠가 또 다른 이에게 의미를 줄 수도 있을 거라고 믿었다.

우리가 성공하지 못하거나 고난을 극복하지 못하는 이유가 있다면 그것은 우리를 억압하고 있는 '뿌리 깊은 절망감' 때문이라고 생각한다. 나는 이 절망감을 극복하지 못한다면 아무리 좋은 조건과 행운이 있다고 하더라도 결코 성공할 수 없다는 사실을 백수 시절 도서관에서 깨달았다.

나 자신이 바라는 것을 이룰 수 없게 하는 습관이 있다는 것을 책을 보며 알았고, 무엇을 하려는 것도 중요하지만 그것을 가로막는 장애요인을 바로 알아야 한다는 것도 책을 통해서 깨달았다.

나는 나를 억압하고 절망에 빠뜨리는 것이 무엇인지 정리해 갔다. 그리고 그것을 극복하기 위해 노력했다. 내가 정리한 10 가지 항목들은 이 시대 많은 젊은이들도 공감하는 이야기가 될 것이다. 우리는 다음의 10가지 생각 속에 사로잡혀 있다. 이 생각을 버리지 않는 한 절대 꿈은 이루어지지 않는다.

하나. 성공이 보장돼야 시작한다

성공의 반대는 실패가 아니다. 진정한 실패는 자기 나름대로 예상하고 판단해 시작조차 하지 않는 것이다. 세상에서 가장 무서운 것은 바로 완벽주의다. '완벽하게' 라는 말의 함정에 갇힌 사람은 아무것도 시작하지 못한다.

실패해 보라. 어떤 일이든 처음부터 성공할 수는 없다. 완벽하게 조준하고 발사한 포탄이라 할지라도 처음부터 목표물에 명중하긴 어렵다. 그러나 한번 실패한 후 다시 조준해 목표물을 맞힐 수 있다. 그러므로 훌륭한 시도는 설령 실패하더라도 위대하다.

왜냐하면, 성공하기 위해서는 반드시 시작해야만 하고, 시작한 것만으로도, 지레 겁먹고 시작조차 하지 않은 사람보다는 성공에 더 가까이 다가갔기 때문이다.

가장 분명한 사실은 시작하지 않으면 성공도 없다는 것이다.

나는 인생의 갈림길에서 이런 생각을 늘 한다. '훌륭한 시도는 실패하더라도 위대하다.'

둘. 모든 조건이 갖추어진 다음에 일하겠다

물론 조건이 많이 갖춰지면 좋지만 그런 충족에서 성공한 사람들은 엄밀히 말해서 성공했다고 분류할 수 없다.

모든 조건을 다 갖추고 성공하지 못할 사람이 어디 있겠는가! 이런 사고는 쉽게 말하면 '안전빵' 사고주의자들인데 나는 이런 사람들을 아주 싫어한다. 이들이야말로 '주의! 주의!' 하면서 자신과 타인이 결국 함께 망하게 된다.

다소 조건이 좋지 않더라도 일을 '저지를 수 있는' 사람이 행복을 손에 넣을 수 있다. 설령 돈도 없고 외모가 떨어지는 사람이라고 할지라도, 그가 용기를 낸다면 좋은 조건을 갖춘 사람 못지않게 행복해질 수 있다.

이 세상에 '안전빵'이란 없다. 그러므로 '붕어빵은 먹어도 안전빵은 먹지 않겠다.'라는 각오가 필요하다. 오히려 진정한 성공이란 여러 조건이 갖춰지지 않은 상태에서 이뤄지는 것이다.

카페를 할 수 있는 조건은 없었다. 무허가이고 경험도 없고 조직도 없었다. 조건을 만들어가는 스펙이 아니라 시작하는 것이 조건이었고 불리한 상황을 장점으로 생각했다. 가난하면 가난한 가운데 할 수 있는 아이디어가 생긴다. 잘 모르면 지적 추구만이 아니라 행동이 발전하고 어떤 것이든지 배우려는 열린 생각이 더 생긴다.

무허가, 이것은 나의 사업의 시작이었다. 가장 큰 장애였지만 이 장애는 기존의 가게들과는 다른 방법으로 풀고 가는 나의 오아시스였다. 의자 살 돈이 없으면 책을 올려놓고 방석을 깔았다. 테이블이 없으면 책을 놓고 유리를 놓았다.

셋. 일하기 전에 습관적으로 불가능을 생각한다

가능하다고 생각하는 것은 하나의 전제이자 믿음이다. 마찬가지로 불가능하다고 생각하는 것도 전제이며 믿음이다. 즉 오늘 가능한 것이 어제는 불가능했던 것이며, 오늘 불가능한 것이 내일은 가능할 수 있다는 사실을 알아야 한다.

사람들은 충분히 할 수 있는 것임에도 이런저런 이유를 대며 실천하지 않는다. '이것은 합리적으로 볼 때 불가능해!' 이렇게 말하는 사람들은 대부분 자신이 합리적이거나 철이 들었다고 여긴다. 그러나 그것은 스스로에 대한 위안일 뿐이다.

한국의 대표적인 농촌 드라마인 '전원일기'나 '대추나무 사랑 걸렸네'에서는 새로운 시도를 하는 사람들을 늘 서두르다가 망하는 것으로 그렸다. 나는 이런 내용은 전혀 영양가가 없다고 생각한다. 지금까지의 문화와 문명을 발전시킨 수많은 인물들은 한결같이 습관적으로 '불가능'이 아닌 '가능'을 생각한 사람들이다.

불가능이란 습관을 깨자! Break the impossibility habit!

이것은 민들레영토가 추구하는 목표이자 모든 사람들에게 꼭 필요한 덕목이다. 사실 불가능하다고 생각하는 것은 오랜 세월 동안 몸에 밴 습관일 뿐이다.

지금은 카페가 대중적인 비즈니스모델이라 거부감이 없지만 내가 처음 시작할 때는 주변의 반대가 많았다. 반대하는 사람들을 설득하다 보면 결국 시간이 걸리고 새로운 시작이 늦어진다고 생각했다. 그래서 나를 시작할 수 없게 하는 모든 것과 결별을 고했다. 친구들이 반대하면 의절을 각오했고 가족들이 반대하면 가출을 생각했다. 그리고 그렇게 시작했다. 신화는 시작에서 온다.

넷. 결정한 일이지만 반대자를 만나면 흔들린다

나쁜 일이나 답이 없는 일에 대해 반대자를 만나서 그만두게 된다면 좋은 일이지만 그렇지 않은 경우가 훨씬 많다.

나는 스스로 양심과 비전에 비춰 결정한 일이라고 한다면 반대자를 생각하거나 반대자의 의견을 들을 필요가 없다고 생각한다. 그것보다는 지지자를 만나고 동조자의 협조를 구하는 것이 훨씬 지혜롭다.

그동안 여러 기성세대들이 찾아와 진로를 고민하며 무엇을 해야 할지 물었을 때, 나는 최선을 다해 조언을 해주었다. 내 얘기를 듣고 그들은 무척 행복해하며 나를 만난 것이 행운이라고 말했다. 그러나 나중에 알아보면 그들은 내 말대로 하고 있지 않았다.

그 이유는 수많은 반대자를 만나 기가 죽어서 그런 것이라고 생각한다. 만약 권투선수가 된다고 했을 때, 히말라야 등반을 한다고 했을 때 찬성할 부모가 어디 있겠는가!

누가 뭐라고 하더라도 옳다고 생각한 일을 밀어붙이는 근성과 저력은 용기가 아니라 성공에 이르는 에너지라고 생각한다.

그럴듯한 일반인의 이야기가 아닌, 진정 나의 길에 도움이 되는 살아 있는 생명의 에너지를 경험하고 나누는 것이 훨씬 지혜로운 길이라고 나는 믿는다.

시간이 지나서 아쉬운 것들이 있다. 바로 망설이다가 기회를 놓친 것이다. 대부분의 사람들은 또 기성세대들은 현실에서 손해를 보거나 위험해질까 염려해서 방어적으로 이야기한다. 그래서 보수적으로 대응하고 한참을 숙고한다. 돌다리를 두드린다. 근데 돌다리를 두들기고 가지는 않는다. 실제 무너져서가 아니라 불안해서다.

성공은 들을 때와 듣지 않을 때를 구별하는 능력이다. 어떤 경우는 들어라. 물어보고 또 들어라. 그러나 중요한 어떤 것은 결심한 것을 그대로 하라.

다섯. 편하다는 이유로 내 방식을 고집한다

아무리 우수한 사람이라도 새로운 변화를 감지하지 못하거나 낡은 것을 고수한다면 결국 그들은 도태될 것이다. 90년대에 배운 것을 2000년대에 써먹으면 안 된다는 것을 알면서도 결국 많은 사람들은 이렇게 살아가고 있다.

나 역시 이런 사고를 하고 있었기에 늘 시행착오를 하면서 그 잘못이 나에게 있지 않고 세상에 있다고 생각했다. 하지만 결국 그 잘못은 나에게 있다는 것을 알게 됐다. 나는 진정 인격적 교류가 부족하다는 생각이 들었다. 내가 주최하는 모임에 많은 사람들이 왔지만, 나는 사람들을 정말 사랑하거나 그들과 진정 인격적인 관계를 맺었다고는 말할 수 없을 것이다.

인격적 교류가 이루어진 가운데 형성된 휴머니즘이야말로 정보화, 세계화 속에서 필요한 참된 경쟁력이 아닐까. 다른 이들의 생각을 깊이 존중하고 나를 상대에게 솔직하고 진솔하게 표현하는 휴머니즘은 우리에게 열린 사고와 성숙한 삶의 틀을 가져다줄 것이다.

곤충을 보면 더듬이가 있다. 이것은 늘 달라지는 상황을 예측하고 방향을 잡아야 한다는 것이다. 관성으로 가지 말고 관성을 뒤집어야 한다. 한때 잘했다고 그 한때를 놓지 못하고 도로 붙잡는 경우가 바로 가장 위험한 자기 추락이다.

여섯. 지나간 기회를 늘 아쉬워한다

집안 어른들이나 사회 선배들이 자주 하는 얘기가 있다.

"그때 거기에 땅을 사두었으면 부자가 되었을 텐데…."

"그 사람에게 잘했다면 일이 잘 풀렸을 텐데…."

이런 말 속에는 '기회는 이미 지나갔다.'라는 자조가 깔려 있다.

나는 아주 오랫동안 '난 재수가 없고 팔자가 사나운 인생이 아닌가?' 하는 생각을 했다. 그러나 기회에 대한 깊은 공부와 관찰을 통해서 재수와 팔자가 아닌 지식과 의지가 운명을 좌우한다는 걸 알게 됐다. 그랬더니 기회는 과거보다 훨씬 더 많아졌다.

어제의 숱한 불가능이 오늘의 가능성이 된 것을 보고, 오늘 내가 만나는 숱한 불가능은 내일의 가능이 될 수 있다고 믿게 됐다. 지금까지의 기회보다 더 많은 기회가 내 앞에 있다는 사실로 인해 나는 늘 떨리는 마음으로 다가오는 시간을 맞이한다. 기회를 잡기 위해서는 장애물을 친구로 생각해야 한다.

요즘 젊은이들이 얻기 위해 노력하는 것 중의 하나가 미국에서 MBA(경영대학원박사) 학위를 따는 것이라고 한다. 그런데 그 학위를 취득하기 위한 이유가 단지 미취업 시대에 취업을 잘하기 위한 것이거나 높은 연봉을 얻기 위한 것이라면 문제가 있다.

하버드 경영대학원의 수업은 회사의 문제점을 발견하고 그것을 해결하기 위해 집중적으로 연구하는 방향으로 진행된다. 그래서 그들은 문제를 만나면 두려워하는 것이 아니라 미소를 짓고 자신의 성공을 그린다.

때론 회사의 CEO보다 회사를 더 잘 알고 대안을 만드니 회사에선 이들을 발탁할 수밖에 없다. 나는 우리가 미국에서 MBA 과정을 마치지 않아도 장애를 친구로 생각할 수 있다면 이미 그 사람은 MBA 과정을 마친 것과 같다고 생각한다. 그러나 그 과정을 마쳤어도 장애를 친구로 받아들이지 못한다면 무용지물의 학위라고 생각한다.

직원들과 길을 가다가 거리의 음식을 먹는다. 어떤 장면을 우연히 보게 된다. 그리고 엉뚱한 생각이 떠오른다. 나는 이것을 찬스라고 생각하고 신이 준 기회라고 생각한다. 좋은 생각이 떠오르면 망설이지 말고 떠오르는 생각에 순종하는 것이다.

아주 엉뚱한 생각인 것 같아도 이것에 순종하면 바로 이것이 대박이다. 나는 노래를 잘 못한다. 그런데 누구랑 식사를 하다가 노래를 부르겠다고 한다. 노래방이 물론 아니다. 처음에 사람들은 의아해하지만 그렇게 하라고 한다.

내가 노래를 부르고 나면 사람들은 나랑 더 깊이 친해진다. 잘해서 하는 것이 아니라 함께 마음을 나누고 싶은 감정을 전한 것이다. 부끄러움과 무관심을 버리고 나면 그리고 영감 앞에 순종하면 대단히 많은 것들이 보인다.

일곱. 두려움 가운데서 판단한다

남들이 볼 때는 내가 열심히 산 것 같지만 실은 위장이 많았던 삶이었다고도 할 수 있다. 왜냐하면, 본질이 아닌 허구가 많았고 허세가 많았기 때문이다.

건강한 삶을 위해서라기보다 혹시 잘못돼서 죽으면 어쩌나 하는 두려움에 병원에 가고, 일하기 위해 출근하기보단 지각하면 창피를 당하지 않을까 걱정했던 적이 많았다. 어떤 일을 시작하기 전에 두려움 속에서 결정하지 말아야 한다.

70억에 육박하는 인류 중에서 꼭 다른 사람이 하는 것을 하며 살 필요는 없지 않을까? 본래 자신에게 주어진 소질과 재능에 충실한 것만으로도 충분히 세상을 살아갈 수 있다.

인간의 힘으로는 어찌할 수 없는 일을 하자는 것이 아니다. 자신이 설정한 목표가 정당한 것이라면 해낼 수 있다는 믿음과 신념을 가져야 한다. 그리고 어려움을 참고 견디면서 마침내 자아를 실현해가는 신앙적인 휴머니즘이 우리가 살아가는 데 무엇보다 필요하다.

'이러다가 손해 보는 게 아닌가?' 하며 망설이고, 또 어설프게 양다리를 걸치는 것보다는 사랑해야 할 것을 진정 사랑하는 열정이 우선시 돼야 한다.

'사업을 하는 이유가 무엇일까?' 다시 생각해본다. 그리고 '무엇을 할까?' 고민한다. 그런데 느껴지는 것은 어떤 불안함이다. 바로 여기서 나는 역설의 마인드로 자신을 향상시킨다. 내가 하는 일들에 대해, 의미와 실제에 대해 사랑하는 것이다. 그리고 나면 신기하게 두려움이 사라지고 어떤 긍정의 힘이, 가치의 힘이 나를 사로잡게 된다.

여덟. 사는 것이 늘 거기서 거기라고 생각한다

사람들이 사는 모습을 보면 거기서 거기라는 말은 틀리지 않은 것 같다. 젊을 때는 개혁과 이상을 애기하다가 나이 들면 보수와 현실을 애기하는 많은 사람들을 볼 때면 이 말이 진리처럼 여겨지기도 했다.

그런데 그런 보수와 현실 뒤에는 아무것도 없고, 단지 늙고 죽을 뿐이다. 갈브레이드가 쓴 '불확실성의 시대'에서 말하는 것처럼 달라질 수 있는 것이야말로 진정한 '복음'이라고 생각한다.

나는 '어쩔 수 없는 존재'가 아니라 달라질 수 있다는 사실을 깨닫는 것이 복음이라고 생각한다. '오늘은 어제와는 전혀 다른 삶일 수 있다.'라는 사실이 불확실성이라고 믿는다.

내가 좋아하는 링컨이나 몬테소리, 정약용 등은 한결 같이 역사는 달라질 수 있다는, 사람은 달라질 수 있다는 신념을 지닌 인물들이다.

내가 설령 무식하고 연약하고 문제 많은 성격을 가졌지만 현실 앞에 굴복하지 않고, 나는 달라질 수 있다는 사실에 순종한다. 그래야 다시 공부할 수 있고, 용서할 수 있고, 고난을 이겨낼 수 있기 때문이다.

아홉. 실질적 결과보다는 감정적 대응을 우선한다

우리 민족을 한(恨)의 민족이라고 한다. 이 말은 정감 있게 들리기도 하지만, 합리적인 대응보다는 감정적인 대응을 함으로써 손해를 본다는 부정적인 뜻도 있다.

우리는 옳고 그름을 너무 따지고, 좋은 사람 나쁜 사람을 지나치게 가른다. 정의와 자유, 그리고 진리와 거룩함을 내세우는 사람들을 보면 의외로 가난하거나 실패한 사람들이고 또 독선적인 경우가 많은 것을 나는 봐 왔다.

우리는 서로 다른 사람과, 서로 다른 생각과 목적을 가지고 다원적인 세상을 살아간다. 따라서 단순히 미워하거나 좋아하기보다는 합의점을 찾고 같이 살아갈 공통점을 연구하는 객관적이고 생산적인 태도가 필요하다고 생각한다.

데카르트는 '나는 생각한다. 고로 존재한다.' 라고 했다. 카뮈는 '나는 저항한다. 고로 존재한다.' 라고 했다.

나는 이렇게 말한다. '나는 생산한다. 고로 존재한다.'

자신의 미천한 상황을 원망하기보단 '내가 사랑하고 나를 사랑하는 이들을 위한 창조적인 대응', 이것이 창조주와 함께하는 기쁨의 삶이다.

열. 지금 안고 있는 문제의 해결 방법이 없다고 생각한다

우리가 고민하는 것은 지금 문제가 있다는 이유 때문이 아니다. 문제를 해결할 방법을 모르고 있기 때문이다. 더 엄밀히 말하면 문제를 해결할 의지를 상실하고 있기 때문이다. 그렇다고 문제를 피할 수는 없다. 하지만 문제를 해결할 길은 있다.

이것이 가장 중요한 실마리다. 인간은 문제를 만나고 해결하는 존재 양식을 가지고 있다. 신은 스스로 돕는 자를 돕는다고 했다.

비행기가 추락했을 때 전체 생존자 가운데 여성이 70%, 남성이 30%라는 통계가 있다. 육체적으로 연약한 여자가 더 많이 살아남는 것이다. 즉, 위기 상황을 극복할 힘을 주는 것은, 그 사람의 근력이나 사회적 경험, 지식 등이 아니라 살고자 하는 의지다.

어떤 상황에 처해 있든지 문제를 해결하겠다는 의지가 있다면 문제는 해결될 수 있다. 하늘은 스스로 돕는 자를 돕는다는 말은 문제를 해결할 의지가 있는 사람에게는 해결 방법이 보인다는 뜻이다.

생각해보면 지금만이 아니라 1년 전에도, 5년 전에도 문제가 있었다. 그런데 그때 해결할 수 없다고 생각한 그 문제를 지금 와서 생각하면 전혀 방법이 없었다고 할 수는 없을 것이다. 바로 이 방법을 쓰는 것이다. 지금 안고 있는 문제를 3년 뒤나 5년 뒤로 가져 가서 생각해보는 것이다.

절망을 털고 희망을 채우길

지금 돌아보면 내 젊은 시절은 많이 괴로워했던 시간으로 다 지나간 것 같다. 문제는 많고 가진 것은 없었으니 혼란스러웠고 세상을 향한 분노로 가득했다.

하지만 내가 가졌던 문제들은 저주가 아니라 축복이고 기회였다. 오히려 그 문제 중의 일부만을 기회로 생각한 것이 아쉬울 따름이다. 모든 것이 기회였는데 말이다.

이 세상의 모든 자아실현 자들은 한결 같이 그 시대 그 상황의 문제에 대해 원망과 저주, 자포자기가 아니라 아주 사소한 것에서부터 희망을 갖고 하나씩 문제를 풀어갔다.

가난이 무서운 것이 아니라, 문제가 무서운 것이 아니라, 진정 무서운 것은 절망이다.

더글러스 맥아더는 젊음은 나이가 아니라 태도라고 했다. 마음의 희망을 갖는 것이 젊음이다. 그래서 젊음은 나이와 관계없이 오는 것이다.

비전 카드를 들자! 두려움 없는 수를 읽자! 하지 못한 것을 후회하는 것이 아니라, 지금 할 수 없는 것으로 좌절하는 것이 아니라 선택하고 집중하자. 모든 것이 달라질 때까지. 때론 죽도록 기다리자. 이것이 희망이다.

내가 나를 억압하고 절망에 빠뜨렸던 것들을 정리하며 희망을 품었던 것처럼, 이 시대 많은 젊은이들도 절망을 버리고 희망의 꿈을 이루길 바란다.

류근모 장안농장 대표

1997년 사업 실패로 쫓기듯이 귀농해 농사를 시작한 저자는 거듭되는 실패에 좌절감만 쌓여가던 중 아내의 권유로 신협에서 융자금 300만 원을 받았다. 이후 유기농법의 권위자를 찾아 비법을 전수받으며 쌈 채소 농사를 시작했고 친환경 농법을 개발하기에 이른다. 그는 오직 품질로 승부한다는 확신으로 불가능하다고 불리는 많은 일을 가능으로 바꿔 나갔으며 결국 100억 원대의 유기농 쌈 채소 기업을 일궈냈다.

편견을 깨면
불가능은 없다

류근모 장안농장 대표

편견을 깨면 불가능은 없다

류근모 장안농장 대표

나는 마흔 살의 신용불량자에 불과했다. 서울 양재동에서 시작한 화훼사업은 처음에는 잘 나가는 듯했다. 그러다 거짓말도 아부도 하지 못하는 성격으로 사업을 무리하게 확장했고, 결국 10억 원의 빚을 지며 인생의 실패자가 되어 쫓기듯이 충주로 내려갔다. 명분은 귀농이었지만 수입이 없으니 백수나 다름없는 생활이었다.

하지만 귀농한 지 16년이 지난 지금, 나는 연간 100억 원대의 매출을 올리는 유기농 쌈 채소 기업을 운영하는 CEO가 되었다. 학벌도, 재산도 없고 더군다나 신용불량자인 내가 다시 일어선 것은 '농업의 미래는 없다.' 라고 말하는 사람들의 편견과 맞섰기 때문이다.

단돈 1만 원이라도 어디에서 빌릴 수 있다면 그는 능력이 있는 사람이고 가능성이 있는 사람이다. 절망에 빠지면 1만 원을 빌릴 곳도 없다. 나는 아무리 세상이 어렵고 힘들어도 부지런하면 얼마든지 재기할 수 있고 살아갈 수 있다는 희망이 있다고 말하고 싶다. 그리고 현실이 어렵고 힘들다고 말하는 사람들에게 스스로 갇힌 편견의 방에서 나오라고 말해주고 싶다. 그곳을 박차고 나와 새로운 도전을 시작하는 데 내 이야기가 도움이 되길 바란다.

어떤 농사를 지어야 하나

아내의 권유로 처가가 있는 충주로 귀농했지만, 여전히 먹고 살길은 막막했다. 그렇지만 가장의 몸으로 마냥 좌절만 하고 있을 순 없는 노릇이었다. 그래서 농사짓기 쉽고 수입이 좋은 농사가 무언지 조언을 얻고 나서, 남의 땅을 빌려 무작정 감자와 땅콩 농사를 시작했다. 안 팔리면 내가 먹기라도 하니 좋겠다는 생각이었다.

아무런 계획 없이, 경험도 없이 뛰어든 농사는 실패를 거듭

했다. 게다가 아버님, 어머님, 장인어른, 장모님께서 2년 안에 연이어 돌아가시면서 고통의 끝이 보이지 않았다.

그때 실의에 빠진 나를 건져낸 사람이 바로 아내다.

"우리 아직 제대로 시작도 안 해봤잖아요."

"이만큼 했는데 더 뭘 어떻게 해?"

"융자 조금 받아서 해봐요. 다시 한번 제대로 해봐요, 우리."

그리고 어렵게 300만 원의 융자금이 마련됐다. 내게는 더 이상 추락할 바닥도 없었다. 어쩌면 인생의 마지막 기회일지도 모른다는 생각에 정신을 차리고 힘을 내기로 했다.

그런데 문제는 '어떤 농사를 지을지'에 대한 답을 찾는 것이었다. 천천히 하나하나 생각을 정리해갔다.

가진 게 없으니 비용이 적게 드는 것을 찾는 일이 관건이었다. 수확 기간도 중요했다. 긴 시간을 두고 여유롭게 농사를 지을 수 있는 형편이 아니었다. 자금 회전이 빨라야 했으므로 수확 기간이 짧은 작물이어야 했다.

깊은 고민 끝에 생각을 정리해보니 답은 한 가지였다. 바로 채소 농사였다. 뜻밖에 답은 쉽게 구했지만 어떤 방법으로 무엇을 재배할지 막막했다. 수십 가지의 채소 중에 어떤 선택을 해야 할지 확신이 서지 않았다. 가만히 앉아서 고민만 한다고 해결될 문제가 아니었다.

채소 농사의 달인을 찾아서

두 팔을 걷어붙이고 내로라하는 농업 고수를 찾아 전국 방방곡곡에 발도장을 찍고 다니기 시작했다. 신문이나 잡지에 소개된 사람들을 물어물어 무작정 찾아가거나 지인들의 소개를 받기도 했다.

물론 그들을 찾아간 이유는 채소 농사의 비법을 듣고 무엇을 재배해야 할지 결정하는 데 도움을 받기 위해서였다. 또 다른 이유는 유통이나 판매를 포함한 농사 전반에 대한 이야기를 듣고, 배우고 싶어서였다. 하지만 내가 찾아간 고수들은 쉽게 비법을 공개하지 않았다.

"고추를 잘 키우신다고 들었습니다."

"내가 키운 고추는 없어서 못 팔지."

"고추 잘 키우는 비법을 알고 싶어서 충주에서 왔습니다."

"내가 고추 농사만 수십 년째인데, 이 정도도 못하면 되겠어?"

본인이 하고 싶은 이야기만 늘어놓는 고수들이 많았다. 다른 지역에서도 크게 다를 바 없었다.

"감자가 정말 알이 굵고 좋네요. 시장에서 비싸게 팔리겠네요?"

"나야 그런 것까지는 모르지. 밭을 통째로 넘기니까. 뭐 그런 게 중요한 것도 아니고."

최고의 상품을 재배했으면 최고의 가격을 받아야 마땅한 것이 아닌가? 자신의 상품이 어떤 가격에 팔리는지 관심조차 없는 것은 이해할 수 없는 일이었다.

어떤 사람들은 자기자랑에 여념이 없었다.

"내가 왕년에 잘 나갔던 사람이야. 상도 많이 받았어. 돈도 많이 벌고."

"지금도 많이 팔리시죠?"

"그거야 뭐 맘만 먹으면 그때보다 더 잘할 수 있지. 예전엔 방송도 많이 탔어. 당신도 그걸보고 왔지?"

기대가 크면 실망도 크다고 했던가? 그들을 만나 배움을 청했지만, 비법을 공개하기는커녕 과거에 얽매여 사는 모습에 크게 낙담했다. 귀중한 시간과 돈을 낭비하게 된 것 같아 후회가 들기도 했다. 하지만 그들과의 만남을 통해서 농사의 비결을 배우지는 못했지만, 앞으로 내가 나아갈 방향에 대해서는 감을 잡을 수 있었다.

내가 만났던 고수들은 과거에 얽매여 현실을 보지 못했다. 수치화된 방법 없이 농사를 짓다 보니 과거와 현재 사이의 간극이 너무 커 보였다. 게다가 자신의 작물이 어디로 어떤 가격에 팔리는지 알지 못했다. 그 문제점들을 뛰어넘고 싶다는 생각이 들었다.

그들과의 만남은 채소 농사에서 '내가 최고가 되어 보겠다.'라는 마음을 다잡는 계기가 됐지만 어떤 채소를 재배할지 결정을 내려야 했기 때문에 다른 방법을 찾아야만 했다.

낮에는 농사, 밤에는 시장으로

전국에서 최고의 농산물이 모이는 장소가 어딘가? 바로 가락동 농수산물 시장이다. 그곳은 어떤 상품이 좋은 것인지, 어떻게 평가가 매겨지는지 한눈에 알 수 있는 곳이기도 하다.

"그래, 사람들이 가장 필요로 하는 채소가 무엇인지 직접 시장에 나가서 조사해보자."

이후 나의 하루는 쉴 틈 없이 바빠졌다. 낮에는 충주에서 농사를 짓고, 밤에는 가락동 시장으로 달려갔다.

시장은 언제나 사람들로 북적였다. 사람들의 얼굴에는 활기와 생명력이 넘쳐났다. 채소는 물론 과일과 생선까지 종류도 다양했고 시장은 전국에서 모인 농수산물로 순식간에 꽉 채워졌다.

경매 현장은 사람들의 시끌벅적한 소리와 매서운 눈빛으로 가득했다. 경매사의 말이 떨어지는 것과 동시에 수많은 입찰자가 매입 가격을 입력했고, 그 중 높은 가격을 적은 사람에게 낙찰됐다. 나는 낙찰된 상품이 서울 시내와 인근 도시로 팔려

나가는 모습을 보며 가슴이 요동치는 것을 느꼈다.

늦은 밤 집으로 돌아가는 길이 힘들 법도 하지만, 시장의 활기찬 사람들 덕분에 나는 살아 있는 느낌을 받았다. 그리고 그것은 '나도 할 수 있다.' 라는 자신감이 되었다. 그들처럼 열심히 일하고 싶다는 생각이 들었다.

하루는 아내가 걱정스러운 표정으로 말을 걸었다.

"당신, 일주일에 다섯 번씩이나 서울에 가면 안 피곤해요? 힘들면 좀 쉬어가면서 하세요."

"아니야. 오히려 힘이 넘칠 지경이야."

신이 나서 대답하니 아내가 헛웃음을 지었다. 현실에 쫓겨 조급한 마음으로 채소 농사를 지었다면 내게 이런 힘은 남아 있지 않았을 것이다. 나는 점차 마음의 여유와 채소를 보는 눈, 품목을 고르는 안목이 쌓여가는 것을 느꼈다.

이제는 어떤 채소를 재배할 것인지 결정해야 할 때가 되었다.

"계절에 관계없이 사시사철 재배할 수 있는 채소라… 어떤 것이 좋을까?"

고추나 감자, 고구마 같은 채소는 한 번 수확해 팔면 그것으로 끝나는 것이니 적합하지 않았다. 며칠을 고민하고 있는 사이 사건이 터졌다.

당시 대형 할인점과 슈퍼마켓에서 판매되던 채소에서 다량의 농약이 검출됐다는 언론 보도가 전국을 강타했다. 뉴스에서는 온통 농약 채소 이야기가 화제가 되었고 사람들은 채소에 대해 공포심마저 느끼고 있었다. 농수산물 시장에서도 안전성 검사를 의무화해야 한다는 목소리가 나오기 시작했다.

그런데 이 사건이 내게는 좋은 약이 됐다. 안전한 먹을거리에 대한 사람들의 관심과 수요가 높아질 것이라는 예상이 가능했기 때문이다. 좋은 품질의 안전한 먹을거리만 생산한다면 쌈 채소에 삼겹살을 즐기는 우리 국민의 입맛을 사로잡을 수 있다는 확신이 들었다.

'그래 이거야. 농약 없이 안전하게 친환경 농법으로 쌈 채소를 키우는 거야.'

가락동 농수산물 시장을 1년간 오가며 배운 것이 헛되지 않았다. 그 시간을 토대로 나는 유기농 쌈 채소를 재배하기로 했고 장안농장의 희망찬 미래를 보았다.

멀고 먼 유기농법의 길

당시는 친환경 농법이 일반화되기 전이었기 때문에 농약 없이 농사짓는 방법을 아는 사람이 거의 없었다. 친환경 채소를 키운다고 해서 어렵게 찾아간 곳에서도 농약을 치는 사람들을 만나기 일쑤였다. 뜻밖에도 유기농 분야의 권위자는 가까운 곳에 있었다.

그저 농부인 줄만 알았던 고향 선배가 화학비료 대신 친환경 농법으로 1년 내내 쌈 채소를 재배하고 있었다. 그 선배는 아무리 더운 여름이라도 잠시도 쉬지 않고 잡초를 뽑았고 손으로 벌레를 잡았다. 숨이 턱턱 막히는 한여름 비닐하우스에서 그렇게 선배는 진심으로 농사를 짓고 있었다.

몇 번을 찾아가 일손을 돕고 나서야 어렵게 말문을 열었다.

"형님처럼 농약 없이 쌈 채소를 키우고 싶습니다. 형님께 열심히 배우고 싶습니다. 도와주십시오."

그러자 선배가 찬찬히 내 얼굴을, 내 눈을 들여다보았다.

"좋네. 어디 한번 해보세."

그렇게 배움을 허락받고 나서 2~3일에 한 번씩 선배 집에 찾아가 재배 노하우를 터득해갔다. 마침 집 옆에 작은 비닐하우스가 비어 있어서 그것을 싸게 빌려 쌈 채소 농사를 시작했다.

쌈 채소는 감자와는 달리 하루하루 자라는 것이 눈에 보여 신기하기도 하고 농사에 재미도 붙었다. 하지만 쌈 채소에만 올인할 수는 없었다. 이제 막 시작한 쌈 채소에 생계를 맡기기에는 위험한 일이었기 때문에 여전히 감자와 고추 농사도 병행했다.

선배의 도움으로 화학비료 대신에 조개껍데기나 뼛조각을 퇴비로 사용하는 방법을 익혀나갔다. 토양, 바람, 온도의 변화에 대처하는 법과 시장을 개척하는 방법을 배울 수 있었다. 그렇지만 농약의 유혹으로부터 자유로워지는 것은 정말 어려운 일이었다.

가장 골치 아픈 것은 잡초였다. 잡초가 왜 잡초인가? 밟아도 뽑아도 질긴 생명력을 유지하기 때문 아닌가? 아침에 뽑아도 저녁이면 자라있는 잡초는 정말이지 징글징글했다. '이번 한 번만 제초제를 써볼까?' 하는 유혹에 몸서리쳤던 날들이 너무나 많았다.

잡초뿐만 아니라 각종 벌레도 농약의 유혹을 불러일으켰다. 키토산이나 옥돌, 맥반석, 목초액, 숯 등을 활용하는 유기농법은 벌레들의 공격에 취약했다. 그래서 나는 매일 밤마다 벌레를 잡으러 다녀야 했고 작업이 끝날 때에는 막걸리 한 통에 벌레를 가득 담아 나왔다.

나는 많은 시행착오를 거쳤지만 결국 선배가 기른 작물 수준으로 품질을 끌어올릴 수 있었다. 이제 시장에 공급할 준비는 끝났다. 1997년 말 장안농장이라는 이름으로 사업자등록을 마치고 본격적으로 쌈밥 집에 공급을 시작하게 됐다.

한 상자에 얼마라고요?

내 상추를 맛본 사람들은 엄지손가락을 치켜들었다. 유기농법을 전수해준 이해극 선배도 마찬가지였다. 선배가 거래하던 서울 쌈밥 집에 공급하게 됐으니 기분 좋은 출발을 한 셈이었다. 하지만 그것만으로는 안정적인 수입을 기대할 수 없었다. 또 다른 판로를 개척해야 했고 내 상추에 대한 세상의 평가도 궁금하던 참에 상추 20상자를 싣고 농산물 도매시장으로 달려갔다.

도매상에게 가격을 얼마나 쳐줄지 물었다.

"한 상자에 700원이니 14,000원에 거래합시다."

"얼마요? 7,000원도 안 될 판에 700원이요?"

"700원도 많이 쳐준 거니 아니면 딴 데 가서 알아보쇼. 요즘 흔하디흔한 게 상추인데."

"이 상추는 농약치고 기른 상추하곤 차원이 달라요. 친환경 인증마크도 받았고요."

"됐어요. 친환경 그딴 거 관심 없으니까."

나는 말문이 막혀 한동안 입을 열지 못했다. '고작 700원이라니. 이게 어떤 상추인데….'

당시는 친환경 농산물에 대한 인식이 낮아 농약 쳐서 흠 하나 없이 자란 상추를 더 선호했다. 벌레 먹은 자리가 있는 친환경 상추를 제대로 알아주지 않았던 때다. 그래도 700원이라니… 도저히 팔 수 없는 가격이었다.

고스란히 상추 20상자를 싣고 집으로 향하는 발길은 천근만근이었다. 집에서 기다리고 있을 아내에게 무슨 말을 해야 할지 눈앞이 캄캄했다. 기대에 차있을 아내에게 어떤 표정으로 보여야 할지 막막했다.

"700원이요? 내가 좌판을 벌이는 한이 있더라도 그렇게는 절대 못 팔지. 잘했어요."

오히려 아내는 나를 위로했다. 그 일로 나는 '상추를 누구에게 팔 것인가?'라는 문제에 직면했다. 아무리 유기농 상추가 좋다고 떠들어도 입만 아픈 현실이 괴로웠지만 그건 내가 털고 일어나야 할 문제였다. 그래도 상추의 품질에는 자신이 있었기 때문에 좌절하기엔 일렀다.

그러다 어느 날, 서울에 사는 친척 형님이 내 상추를 먹어보더니 자신의 아파트 주민한테 직거래로 팔 것을 권했다. 나는 '이거다' 싶었다. 형님의 도움으로 아파트 부녀회와 연결됐고 직거래 할 기회를 잡았다.

"어머, 정말 맛있네요. 이런 상추는 처음 먹어봐요."

"시장보다 훨씬 싸고 맛있어요. 아저씨, 자주 오세요."

아파트 주민의 반응을 보며 그동안의 마음고생이 말끔히 씻겨 내려갔다. 다시 자신감이 붙었다. 이후 나는 일주일에 5일은 장사를 시작했다. 쌈 채소를 트럭에 싣고 아파트 단지와 직거래 시장, 교회까지 전국으로 지역을 확대해 팔고 다녔다. 내 상추를 한번 맛본 사람은 단골이 되어 다시 찾아와 주었고 주변 사람들에게 입소문을 내주었다.

쉬운 일은 남들도 다 한다

장사를 한다고 집을 비우는 일이 많아지자 주변의 농사꾼들은 '왜 사서 고생을 하느냐? 그냥 공판장이나 중간상인한테 넘기지.'라는 말을 자주 했다. 물론 그렇게 하면 몸은 편해질지 모른다. 하지만 기존의 판로에서는 정성껏 키운 쌈 채소가 정당한 대가를 받을 수 없는 것이 문제였다. 하루에 세 시간 이상 자본 적이 없을 정도로 힘들고 바쁜 생활이었지만 방법이 없었다.

그러다 우연히 충주에 대형마트가 생긴다는 소식을 접했고 신규 입점 업체를 찾는다는 광고를 보게 됐다. '그래. 이거야. 직영매장을 한번 열어보자.'라는 생각에 쌈 채소를 들고 담당자를 찾아갔다. 하지만 다른 마트에 납품한 실적이 없다는 이유로 난색을 보였다.

"우리가 뭘 믿고 당신에게 매장을 내줄 수 있겠습니까?"

"한번만 믿고 기회를 주십시오. 서울 쌈밥 집에 1년이 넘도록 쌈 채소를 공급한 실적도 있고 여기 보시면 정부에서 준 친환경 인증도 받았습니다. 한 번이라도 먹어본 사람은 금세 단골이 된 쌈 채소입니다."

담당자는 직접 여러 경로를 통해 장안농장에 대해서 알아보는 눈치였다.

"믿고 기회를 주십시오. 두 달 안에 목표 매출을 달성하지 못하면 제 발로 나가겠습니다."

"좋습니다. 두 달입니다."

이렇게 해서 1998년 장안농장의 직영매장이 처음으로 빛을 보게 됐다. 비록 작은 매장이었지만 내 힘으로 개척한 새로운 판로에 자부심이 넘쳐났다. 판매를 전담할 직원을 채용하고 매일 새벽 쌈 채소를 수확해 마트에 공급했다. 한 번 맛을 본 손님들은 점차 단골이 됐고 두 달이 채 가기도 전에 목표 매출을 훌쩍 뛰어넘었다.

실패할 수도 있는 도전이었지만 내 상품에 대한 확신이 있었기 때문에 가능했다. 그 확신은 나를 또 다른 불가능에 도전장을 내밀도록 했다.

우체국에 볼일이 있어 찾아간 날, 우연히 주문판매 카탈로그를 보게 됐다. 우체국에서는 전국의 우수한 특산품을 소비자에게 직접 배달하는 주문판매 제도를 시행하고 있었고 그것을 홍보하는 책자였다. 그러나 수많은 특산품 가운데 쌈 채소는 보이지 않았다. 그걸 본 순간 '내가 한번 해보자. 여러 가지 쌈 채소를 묶어서 팔아보자.'라는 생각이 머리를 스쳤다.

당시만 해도 쌈 채소를 택배로 받아본다는 생각은 하지 못하던 때였다. 어느 누구도 판매를 하지 않았던 이유도 그 때문이다. 여기저기에서 반대의 목소리가 터져 나왔다.

"아무리 선물세트라지만 누가 쌈 채소를 몇 만 원씩 주고 사겠어요?"

아내가 고개를 저었다. 우체국 직원들 역시 마찬가지였다. 안 되는 이유는 너무나 많았다.

"상추는 신선도가 생명이잖아요. 포장해서 택배로 보내면 그게 되겠어요?"

"택배 마감 시간이 맞지 않아서 곤란한데요."

주변에서는 '미친놈'이라고 했지만, 난 그런 사람들의 편견에 굴하지 않고 또 다른 판로를 개척하기로 굳게 마음먹었다. 일반 포장 비닐로는 신선도를 유지할 수 없었기 때문에 채소의 신선도를 유지해주는 맥반석과 옥을 넣은 비닐을 개발하기까지 했다.

평범한 상자에서 탈피해 안을 들여다볼 수 있는 투명한 비닐 창을 달고, 디자인에도 심혈을 기울였다. 모든 준비를 마치고 중앙우체국에 주문판매 등록을 신청했다. 그런데 이게 웬

일인가? 채소를 택배로 판매해 본 적이 없다는 이유로 판매 업체 선정에서 탈락한 것이다.

이날을 위해 들어간 시간과 비용이 얼마인데, 기가 찰 노릇이었다. 선례가 없다는 이유로 시도조차 하지 않는 사람들 때문에 포기할 수는 없었다. 우체국이 서울에만 있는 것이 아니니 기대를 걸고 전국의 우체국을 수소문했다. 다행히 대전우체국에서 연락이 왔고, 천신만고 끝에 주문판매를 시작할 수 있었다.

물론 초기에는 주문량이 많지 않았다. 그러나 1건, 2건 주문이 늘고 입소문이 나면서 점차 매출이 올랐다. 이번 일로 나는 채소를 택배로 파는 게 가능하다는 것을 증명해냈다. 판매 수입을 떠나서 새로운 시장을 개척한 것이다. 이듬해에는 인터넷 판매를 위한 인공위성 안테나를 설치해 독자적인 인터넷 쇼핑몰을 구축해서 또 다른 판로를 뚫었고 2001년에는 철옹성이라고 불리는 대형마트의 친환경 코너에 입점해 채소를 납품하기 시작했다.

처음에는 대형마트에 입점하기 위해서 수개월씩 담당자를 쫓아다니며 우수성을 알렸지만 퇴짜 맞기 일쑤였다. 뒷거래로 금품이 오가던 관행이 상식적인 일일 정도로 입점 경쟁은 치열했다. 하지만 나는 오직 품질 하나로 그들을 상대했다.

그러다 충주 대형마트에서 일단 보자는 연락을 받았다. 대형마트에서 평가하는 상품력, 품질인증, 위생기준 등과 관련한 서류심사와 현장에서 진행되는 엄격한 평가를 거쳤다.

"좋습니다. 이번 달부터 납품해보세요."

소비자들의 높은 호응 속에서 장안농장의 인지도가 급상승하며 2002년 대전 대형마트의 납품 요청이 추가됐고 다른 마트에서도 주문이 밀려들었다. 그리고 2009년부터 전국의 대형마트에서 우리 쌈 채소를 만날 수 있게 됐다.

'안 된다' 라는 고정관념을 깨라

나는 세계 최다 종류의 살아 있는 채소를 맛볼 수 있는 유기농 체험농장과 유기농식당도 운영하고 있다. 본업을 잃지 않으려, 한 시간 강의료 1천만 원을 부르는 강사이지만 농장에 와서는 본심 농사꾼으로 열심히 땀을 흘리며 살고 있다.

사람들은 성공을 너무 쉽게 말한다. 당장 돈은 안 되는 일이지만 그 일을 하기 위해 뜨거운 열정을 쏟은 일이 있는가? 나는 하루에 3시간씩 자면서, '미친놈' 소리를 들어가면서, 숱한 반대에 부딪히며 지금 이 자리에 설 수 있었다. 돈이 목표였다면 지금의 나는 없다. 나를 기쁘게 하고 즐길 수 있는 일을 하는 것이야말로 성공이다.

사람들은 새로운 일을 시도할 때, 먼저 '안 되는 이유'를 찾는다. 다른 사람들이 못하는 것에는 다 이유가 있다고 투덜댄다. 그런데 조금 달리 생각해보자. 쉬운 일이면 남들도 다 했을 것이다. 남들이 하지 않은 일, 어려운 일이니까 기회도 있는 것이다.

당신이 안 된다고 생각하기 때문에 안 되는 것이다. 그런 한계를 그은 사람은 다른 누구도 아닌 바로 당신이며 고정관념에서 비롯된 것이다. 오늘의 변화가 내일을 만들 듯 고정관념을 깨고 새로운 생각으로 채워야 더 나은 미래를 만들 수 있다.

그간 장안농장은 진기록을 많이 세웠다. 2001년에는 농림수산식품부로부터 우수농장으로 선정됐고 2004년에는 국내 최초로 유기농 ISO 9001 인증을 받았다. 2007년에는 쌈 채소 농산물 우수관리제(GAP) 물류센터를 개점했고 2008년엔 우리나라 최초로 쌈 채소 부문 위해요소중점관리기준(HACCP) 인증을 받기도 했다. 또 2009년에는 국제(IFOAM) 유기인증과 유기농 채소로는 국내 최초로 미국 농무부(USDA) 인증도 획득했다.

이외에도 국내 최초라는 기록이 100여 개가 넘는다. 장안농장은 10년을 앞서 가는 회사, 지금 하는 일이 모두 최초인 회사라는 평가를 받고 있다. 이 기록들은 수많은 편견과 반대를 무릅쓰고 일궈낸 기록이다. 고정관념과 싸우면서 치열하게 살아온 나의 과거이기도 하다.

고정관념을 버리지 않으면 새로운 것을 찾을 수 없다. 한번쯤은 생각을 비우고 머리를 비우자. 그리고 그 자리에 새로운 생각의 씨앗을 심자. 분명히 최고 품질의 작물이 피어날 것이다.

이영석 총각네 야채가게 대표

저자는 사람들에게 웃음을 주는 일을 하고자 이벤트 회사에 입사했지만 예기치 못한 일로 회사를 나와 백수의 길로 들어섰다. 한강에서 우연히 오징어 행상을 만나 장사의 즐거움을 깨달은 후, 오징어 행상을 시작으로 5년여 동안 트럭을 몰고 다니며 일을 배웠다. 지금은 수백억 매출의 식품 프랜차이즈 기업의 대표가 되었지만, 예전이나 지금이나 그의 명함에는 '야채장수'라는 직함이 새겨져 있다. 일이 즐겁지 않으면 인생도 즐겁지 않다는 그는 자신을 즐거움을 파는 행복한 야채장수라고 말한다.

청년은 열정을 쏟는 사람이다

이영석 총각네 야채가게 대표

청년은 열정을 쏟는 사람이다

이영석 총각네 야채가게 대표

나는 야채장수다. 아니, 돈을 많이 번, 소위 이야기하는 성공한 사람이라고 불리는 성공한 야채장수다. 사람들은 나에게 항상 질문을 던져온다. 어떻게 돈을 많이 벌 수 있었느냐고. 나는 그들에게 다시 질문한다.

"진짜로 돈을 많이 벌고 성공하고 싶으십니까?"

사람들의 눈이 초롱초롱해져서 답변한다.

"물론이지요. 어서 그 노하우를 알려주세요."

야채장수는 답변한다.

"남들과 다른 길을 가야지요. 제발 하고 싶은 것을 하세요. 제발!"

사람들이 다시 화를 내며 물어본다.

"그게 무슨 노하우야? 진짜 비밀을 알려달라고."

야채장수는 다시 답변한다.

"당신은 이미 답을 알고 있지 않습니까? 야채장수가 되고 싶으시다면 야채 잘 파는 비결을 알려 드릴 수는 있습니다. 다만, 그에 따른 대가가 필요합니다. 영어학원에 가서 영어를 배울 때는 수업료를 냅니다. 그런데 사람들은 왜 성공하려고 할 때는 가치를 지불하지 않으시나요? 죄송하지만 그런 거지 근성으로는 어떠한 것도 얻을 수 없습니다."

사람들이 격앙된 목소리로 물어본다.

"그렇다면 성공을 얻기 위한 대가가 무엇입니까?"

야채장수가 답변한다.

"당신들은 저의 성공한 모습의 달콤한 면만을 보고 저를 평가하고 노하우를 알려달라고 하고 있습니다. 죄송하지만 출발점부터가 잘못됐습니다. 당신들이 진정 배우기 원하신다면 제가 가지고 있는 성공한 모습이 아닌 성공하기까지 치열하고 너무 괴로워서 포기하고 싶었던 무식하고 고통스러운 습관을 보고 배워야 합니다."

웃음을 파는 장사꾼

나도 그저 그런 평범한 사람이었다. 공부보다는 운동에 관심이 있었던 나는 어떤 일을 하든지 남에게 웃음을 줄 수 있는 사람이 돼야겠다고 생각했다.

고등학교 졸업하고 남들에게 즐거움을 줄 수 있는 일을 배우고자 레크리에이션 학과가 있는 전문대에 진학했다. 대학을 졸업하고 이벤트 회사에 취업했고 일에 대해 재미를 느껴가고 있을 때, 아이디어가 떠올랐다.

내 나름대로는 획기적인 아이디어였고 몇 날 밤을 고민하면서 만든 작품이라서 기대하는 마음이 강했다. 하지만 사회 초년생의 불안감을 감출 수는 없었다. 그래서 가장 친한 선배에게 기획안을 검토해달라고 찾아갔다. 기획안을 검토하던 선배의 표정이 좋지 않았다. 선배는 고개를 절레절레 내저었다.

"이것 가지고는 고생만 하고 성과내기 어려워. 그만둬."

며칠 후 회사에서 승진파티가 열렸다. 영문도 모르는 나는 선배를 축하해줬으나 알고 보니 내 기획안을 가로챈 선배의 승진파티였다. 그 길로 선배와 다툰 나는 회사를 그만두게 됐고 백수의 길로 들어섰다.

가진 돈도 갈 곳도 없었지만, 어머님 가슴에 피멍이 드는 것을 볼 수 없어 매일같이 정장을 다려 입고 한강에 출근도장을 찍었다. 유유히 흐르는 한강과 나만 빼고 즐거워 보이는 사람들. 그 모습을 보며 소주를 삼키는 것이 유일한 일과였다.

희망도 없고 꿈도 없고 열정도 없었다. 그러던 중 소주 안주를 사기 위해 가게를 찾아가다 우연히 오징어 트럭 행상을 만났다. 마른오징어가 어찌나 맛있게 생겼던지 문외한인 총각이 봐도 좋은 오징어가 분명했다. 물건이 최상품인데도 오징어는 잘 팔리지 않았다. 오징어를 판매하는 오징어 장사꾼은 나와 같이 쭈그리고 앉아서 지나가는 사람들을 멍하게 쳐다볼 뿐이었다. 갑자기 궁금해졌다.

'왜 저렇게 좋은 물건을 재미없게 팔고 있지? 기왕 팔아야 하는 거라면 재미있게 팔아보면 안 될까?'

갑자기 밀려든 의문과 쓸데없는 호기 때문에 오징어를 팔아보겠다고 장사꾼을 조르기 시작했고 수중에 있던 2만 원을 투자해 오징어를 샀다. 그리고 한강에서 장사를 시작했다.

남들이 보든 안 보든, 웃든 비웃든 상관하지 않고 내가 제일 잘하고 제일 좋아하는 방식으로 오징어를 팔기 시작했다. 오징어 춤을 추고 오징어 노래를 부르며 마치 뮤지컬을 하듯이 시골 장터의 신이 나는 분위기를 만들었다.

"어머니~ 징어 징어 오징어! 잘생긴 오징어! 울릉도에서 대한항공 타고 온 오징어입니다. 어머니 그냥 가시면 오징어가서운해 합니다. 징어 징어 오징어!"

사람들이 몰려들었고 오징어 춤을 추며 오징어 송을 부르는 젊은 총각에게 빠져들어 웃기 시작했다.

"어머니 제가 퀴즈 하나 낼게요. 맞히시는 분께 제일 큰 오징어 한 마리 서비스 드립니다."

사람들의 눈빛이 반짝이기 시작했다.

"오징어 다리 중에 손 역할을 하는 다리가 딱 하나 있는데, 몇 번째 다리일까요? 맞히시면 오징어 한 마리 서비스~!"

오답이 난무했다. 많은 사람이 정답을 외쳤지만, 정답이 나올 리가 없었다.

"아쉽지만 맞히신 분이 없으니까 정답 알려 드릴게요. 오징어 머리 부분을 딱 하고 때리면 머리로 올라오는 다리가 바로 손입니다."

몰려든 아줌마들이 깔깔대고 웃으며 이야기했다.

"총각이 참 재미있게 장사하네. 한참 웃었어."

"총각! 그 오징어 한 마리만 싸줘 봐."

"총각 나도 한 마리."

"난 두 마리."

오징어는 잘 팔려나갔고 순식간에 동이 났다. 참 신기한 경험을 했다. 난 내가 제일 잘하고 좋아하는 일을 했을 뿐인데 사람들이 나를 보며 웃고 나도 즐거웠다. 그때야 깨달았다. 장사야말로 내가 제일 좋아하고 잘할 수 있는 직업이라고.

왜 내 인생인데 남의 시선으로 인생을 살아가려고 발버둥 치는지 후회스러웠다. '어떻게 태어난 인생인데. 이렇게 살 수는 없지.' 그때부터 오징어 행상을 쫓아다니며 일을 배우기 시작했다.

젊음과 열정이라는 대가

나는 약 2년간 돈을 한 푼도 받지 않고 일을 했다. 아니 일을 배웠다. 사람들은 이해가 잘 안 된다고 한다. 하지만 내가 생각하는 성공을 위한 방법은 배움의 대가를 지불하는 것이다.

나는 당시 돈도 없고 가진 지식도 없는 젊음과 열정만 있는 청년이었기에 내가 가진 젊음과 열정을 지불했다. 영어학원에서 영어를 배울 때 수강료를 내듯이 장사를 배울 때도 역시 수강료를 내는 것이 맞지 않은가? 이는 비단 장사뿐만 아니라 모든 일에도 마찬가지일 것이다. 내가 무엇을 받으려고 먼저 생각하지 말고 무엇을 해줄 수 있는지 고민해야 한다. 이 세상에서 내 연봉을 내가 결정할 수 있는 사람은 많지 않다. 내가 결정할 수 있는 것은 다만 내 가치일 뿐이다.

나는 오징어 트럭행상을 쫓아다니며 미친 듯이 배우고 일했다. 장사에 필요하다고 생각이 들면 사장이 먼저 투자해주기를 바라지 않고 내가 먼저 투자해서 성과를 만들어버렸다.

예를 들면 비가 오는 날에는 오징어 장사꾼들은 장사를 쉬는 날이다. 하지만 나는 비가 오는 새벽에 사장님 집 앞으로 찾아가서 사장을 깨우고 장사를 나가자고 보챘다. 얼마나 독하게 했으면 나를 고용한 사장마저 혀를 내둘렀다.

"야 인마! 오징어 안 썩는다. 제발 좀 팔지 말고 쉬자."

주인정신은 주인이 아닐 때 주인보다 열심히 해야지만 그 진가를 발휘한다. 원래 주인은 열심히 일한다. 하지만 자신의 것이 아닐 때 주인보다 열심히 일하는 사람에게는 주인이 될 수 있는 자격이 주어진다. 내가 생각하는 가장 고통스러운 습관은 생각을 바꾸고 인정하며 내가 먼저 하는 것이다.

꿈을 설정하는 방법

좋은 학자분들이 만들어주신 꿈을 설정하는 방법은 너무 많지만 나는 세상에서 가장 훌륭한 스승인 '경험'을 토대로 한 방법을 알려주고 싶다.

첫 번째 단계. 인정하라

내가 가지고 있는 것을 인정하라! 그것이 학력이 되었든 실

력이 되었든 자본이 되었든 인정하고 시작하자. 왜냐하면, 그
것은 내가 지금부터 노력한다고 해도 쉽게 바뀌지 않을 뿐만
아니라 내 현재를 인정해야지만 미래의 내가 있기 때문이다.

꿈을 꾸는 이유도 미래의 내가 현재의 내가 될 수 있도록 하
기 위해서 아닌가? 미래는 없다. 오직 현재를 살아야 한다. 그
래야 미래도 이루어진다. 역설적이지만 미래의 나를 만나본
사람은 아무도 없다. 또한, 과거의 나(부모님, 학교, 직장 등)를
바꿀 수 있는 사람도 아무도 없다.

꿈을 이루기 위해서 가장 중요한 것은 바로 현재의 나인데
대부분의 청년은 과거의 나에게 붙잡혀서 괴로워하거나 있지
도 않은, 즉 존재하지도 않는 미래의 나에게 집착해 말도 안 되
는 주문을 외운다. 생각만 하면 이루어진다니! 이 우상도 없는
샤머니즘의 정체는 무엇인가?

예컨대 한겨울에 보일러가 고장이 났는데 보일러가 고쳐지
는 긍정적인 상상만 하면 보일러가 저절로 고쳐지는가? 아니
면 보일러를 처음 산 3년 전 '다른 브랜드를 살 걸'이라고 괴
로워한들 보일러가 고쳐지는가? 지금 이 순간 내가 직접 움직
여서 고치든지 보일러 기술자에게 전화를 걸어야 고칠 수 있
다는 사실은 어린아이도 안다.

보일러를 고치는 방법도 고장 났다는 것을 인정하고 시작하

는데 어찌하여 금은보화보다 아니, 세상 어느 것보다 소중한 내 인생은 인정하고 고칠 생각을 하지 않는가? 어떻게 태어난 인생인데 좌절하고 주저앉아만 있는가?

청년들이여, 내가 살아온 삶의 모든 것을 인정하라! 그리고 혹여나 잘못된 것이 있다면 땀과 눈물 그리고 피를 흘려서 무지함과 가난함에서 탈출하자.

두 번째 단계. '그' 처럼 하라

내가 '어떠한 분야에서 배우자.' 라는 마음가짐을 가지고 있다면 '그'를 찾아야 한다. '그'는 내가 선택한 분야에서 최고인 사람으로 정해야 한다. 그 사람의 인격이나 외모, 학력 등을 고민하지 마라. 그리고 그가 주는 연봉을 고민하지 마라. 여러분은 그에게 성공하는 방법을 배우려는 것이지 그의 외모나 학력, 특히나 인격을 배우려고 그를 찾는 것이 아니지 않은가?

내가 가지고 있는 생각을 버려야 한다. 만약에 내 생각이 옳고 그가 잘못됐다는 생각이 들거나 그가 지시하는 일에 의문점이 생긴다면 내가 그가 되면 된다.

아직 성공하지 못했다면 성공한 사람의 방식을 배워라. 내 생각을 섞었다면 이미 실패의 길로 가고 있는 것이다. 자존심을 숨기지 말고 도려내 버려라. 성공하지 못한 자가 가지고 있는 가장 큰 재산은 바로 가난임을 잊지 마라. 그의 모든 것을 잘 보고 그의 모든 말을 잘 들어라. 그의 고통스러운 습관을 배우고 그처럼 행동하라.

세 번째 단계. 구체적이고 타당하며 명확한 목표를 설정하라

인생은 자전거와 같다. 자전거의 뒷바퀴는 추진력, 즉 열정이다. 앞바퀴는 방향성, 즉 꿈과 목표다. 목표가 없다면 열심히 뒷바퀴를 밟아서 벼랑 끝으로 떨어질 수 있다. 꿈을 숨기지 마라. 나를 인정하고 내가 닮아야 하는 모델을 선정했다면 이제 나만의 꿈을 꾸어보자.

부모님의 꿈, 선생님의 꿈, 주변 사람들의 꿈 말고 내 진짜 꿈, 즉 정말 하고 싶은 것을 찾아보자. 남들의 눈치를 보지 마라. 나는 꿈을 꿀 자유도 없는 사람인가? 되고 싶은 것, 가지고 싶은 것, 하고 싶은 것을 적어보자. 그리고 그 목표에 생명력을 주어라.

언제부터 하고 언제까지 할 것인지 목표에 생일을 정해 주어라. 그리고 실천하라. 남들이 성공했다는 야채장수도 하루에 수십 번, 수백 번씩 꿈에 대해 고민하고 좌절하고 힘들어한다. 그만두고 싶을 때가 한두 번이 아니다. 하지만 해내겠다는 마음이 더 강하기 때문에 이루어낼 수 있는 것이다.

명심하라. 나만 힘들고 나만 고민되는 것이 아님을! 꿈을 꾸지 않고 목표를 계획해야지만 성공한다는 것을 잊지 마라. 이는 비단 나뿐만 아니라 성공한 모든 이들이 가지고 있는 공통점이기도 하다. 성공을 계획하지 않는 자는 실패를 계획하는 것과 같다.

야채장수도 성공하기 위해 꿈을 가지고 명확한 목표를 계획하고 있다.

야채장수가 해주고 싶은 또 다른 이야기

꿈

많은 청년이 나를 찾아온다. 그들 중에는 사연이 없는 사람이 없다. 모두가 어렵고 힘들고 지쳐 있다. 청년들은 항상 이야기한다.

"나에게는 꿈이 없습니다. 그 꿈을 찾기도 너무 어렵습니다."

그들에게 다시 물어본다.

"무엇을 하고 싶은 겁니까? 무엇을 제일 좋아합니까?"

답변하는 청년은 많지 않다. 답변한 청년의 이야기에도 그는 없고 부모님의 꿈이나 선생님의 꿈, 아니면 친구들의 꿈을 닮아가는 가짜의 내가 있을 뿐이다.

앙드레 말로가 그랬던가. 꿈을 그리는 사람은 언젠가 그 꿈을 닮아간다고. 청년들에게 행복한 야채장수가 해주고 싶은 첫 번째 이야기는 바로 꿈이다.

나도 처음부터 야채장수가 꿈은 아니었다. 평범한 삶에 평범한 일상, 그리고 남들이 정해준 내 인생의 길에 나름대로 비중 있는 조연으로 잘살아가고 있었다. 남들보다 공부를 잘한 적도 없었고 남들보다 더 많이 가진 부모님이 계신 적도 없었기에 나름대로는 치열하고 성실하게 살았다.

학생 때는 보통 사람들처럼 학업과 더불어서 아르바이트도 하고 소위 이야기하는 내 스펙에 가장 좋은 직장에 들어가기 위해 선배와 지인들에게 부탁도 해보았다. 꽤 괜찮은 삶이었다. 나를 제외한 다른 사람들이 보기에는 순리대로 흘러가는 그런 삶이었다. 그런데 문제가 생겼다.

절대로 끊어지지 않을 것 같이 단단한 밧줄로 여겼던 직장을 의도하지 않게 그만두게 된 것이다. 모든 것이 암담해졌다. 나만 제외하고 모든 것들이 행복해 보였다. 절망과 좌절이 직장과 꿈을 잃은 청년에게 대화를 시도한다.

"나는 잘했는데 그 선배가 배신해서 회사를 나오게 되었어."

"우리 부모가 여윳돈이 있었으면 나도 남들처럼 장사를 바로 시작할 수 있을 텐데. 나는 참 잘할 수 있는데 장사밑천이 없어."

"사람들이 나를 안 알아준다. 나는 참 잘할 수 있는 사람인데. 바보들."

세상에서 제일 쉬운 일이 대안 없는 비난, 불평, 불만을 이야기하는 것이란다. 지금 처해있는 상황이 못마땅한가? 내가 잘 안 되는 이유가 궁금한가? 그렇다면 지금 거울을 보라. 거기에 성공하지 못한 원인이 멀뚱멀뚱 당신을 보고 있을 것이다.

열정

내가 들려주고 싶은 '열정'은 절실함이다. 나는 열정의 한자 뜻도 모르고 어떤 것이라고 정의할 수도 없다. 다만, 내가 느끼고 경험한 열정이란 절실한 사람들의 모습이다. 대부분의 실패한 사람들에게도 배울 점은 항상 있기 마련인데 그들에게 유일하게 없던 것은 절실함이었다. '이것 아니면 다른 것 하면 되지 뭐.', '안 되면 내일 하자. 시간 아직 많아.'

혹시 알고 있는가? 성공한 사람과 성공하지 못한 사람들이 유일하게 공평한 것은 24시간이다. 그런데 그나마 이미 성공한 사람들은 시간을 돈보다 더 소중히 여긴다. 그런데 아직 성공하지 못한 사람들은 시간을 물 쓰듯이 거침없이 쓰고 공기를 호흡하듯이 당연히 여긴다.

시간을 어려워하라. 야채장수는 태생적으로 절실한 직업이다. 야채를 제외한 어떤 물건을 팔지라도 야채를 팔듯이 절실하게 팔 것이다. 왜냐하면, 야채는 오늘 팔지 못하면 내일이면 썩어버리기 때문에 절실하게 팔 수밖에 없다.

비단 물건뿐만 아니라 나라는 상품에 더 절실해져야 하는 이유가 있다. 나는 결코 내 연봉을 결정할 수 없다. 내가 결정할 수 있는 것은 내 가치일 뿐이다. 끊임없이 공부하라. 공부하되 한 놈만 패라. 자기계발하지 않으면 먹지도 마라. 내가 속한 분야에서 나보다 뛰어난 이가 없이 만들어라. 나는 야채장수라서 어려운 이야기는 잘 모른다. 다만, 맛있는 음식점에는 메뉴가 한 가지이고 프로는 자신의 분야에서만큼은 다른 이들과 다른 면모를 보여줘야 한다고 알고 있다.

청년들이여 야채장수처럼 하루를 절실하게 살아라!!

주인정신

주인정신은 모든 기업이 꿈꾸고 청년들에게 주문하는 가장 큰 덕목이다. 총각네 야채가게에는 세 가지가 없다.

1. 앉아서 쉬는 의자
2. 생선을 내일 팔기 위한 냉장고
3. 머슴 마인드를 가진 종

요즘은 머슴의 마인드를 가진 이들이 너무 많다. 청년들이여, 머슴의 마인드를 버려라. 내가 주인이 아닐 때 주인보다 더 열심히 일하라. 그렇다면 당신은 주인이 될 자격이 있다. 이는 매우 간단하고 쉬운 일이다. 또한 즉시, 반드시 될 때까지 해야 하는 일이기도 하다.

꼭 성공할 청년들에게 매우 쉬운 일을 제안한다.

첫 번째 내가 하고 싶은 일을 선택하되 남들이 '안 된다. 하지 마라.' 하는 일에 미쳐라. 쉬운 길보다 땀 흘리는 정직한 일을 찾아라. 작은 기업이라도 먼저 시작하라. 그리고 시작이 미약하다고 고민하지 마라. 많은 성공한 사람들은 작은 곳에서 시작하고 처음에는 무시당하고 미약한 존재였다. 시련을 두려워 마라. 이겨낼 수 있는 사람에게만 시련이 닥친다고 하지 않는가.

두 번째 내가 모시는 주인(사장)보다 한 시간 먼저 출근하라. 그리고 매일같이 청소와 일할 준비를 해놓아라. 그 주인은 반년도 지나가기 전에 당신을 신뢰하게 될 것이다. 이는 돈으로 환산할 수 없는 소중한 자산이다. 이것을 짐승 같은 성실함으로 유지하라. 당신에게 가장 강력한 무기가 될 것이다.

왜냐하면, 당신의 경쟁자들은 알면서도 이것을 따라할 수 없을 것이고 따라하려고도 하지 않는다. 출근 시간 5분 전에 헐

레벌떡 뛰어 들어와 컴퓨터를 켠 후 인터넷검색부터 하고 점심시간과 퇴근 시간만을 기다릴 테니까.

마지막으로 즐거운 광대가 되기를 기대한다. 미친 사람이 되어라. 미쳐야만 경지에 도달하고 성공한다고 하지 않는가. 하루하루가 즐거운 세상이고 눈을 감아도 눈을 떠도 즐거운 매일매일 생일 같은 내 삶의 주인공이 되어라.

위의 세 가지 이야기를 전하면서 이 땅의 희망이자 같은 청년으로서, 선배로서 당부의 말을 적어본다. 나는 야채장수다. 많은 분들이 나에게 성공했다고 말씀해주시지만 아직은 더 치열하게 살고 매일 새벽을 깨워야 하는 청년이다.

실업 때문에 아픔을 겪고 좌절하고 상심해 하고 있는 청년들에게 간단한 이야기를 해보려고 한다. 당신의 눈앞에 시원한 물 한 잔이 있다고 생각해보자. 당신은 물을 어떻게 마시겠는가? 벌컥벌컥? 입으로? 빨대로? 시원하게? 원 샷? 물을 마시는 방법은 생각보다 꽤 많을 것이다. 그런데 대부분의 사람들이 물 마시는 방법만 설명하지 눈앞에 물을 마시려고 들지는 않는다.

청년들이여, 꼭 기억하라. 물 마시는 방법을 설명하지 말고 물을 마셔야 진짜 물을 마신 것이라는 것을. 지금도 이 땅의 청년들이 물 마실 생각은 하지 않고 물 마시는 방법만 찾고 있는 것은 아닌가.

혹시나 이 글을 읽고도 마음 정리가 안 되고 힘들다면 새벽 시장을 찾아가 보라. 그곳에는 희로애락이 있고 뜨거운 열정이 있다.

꼭 성공할 청년들이여. 꿈을 가져라!!

목숨을 걸 만큼 절실히 하라!!

머슴이 아닌 진짜 주인으로 내 인생의 주인공이 되어라!!

당신의 성공을 기원한다.

허명효 룩옵티컬 대표

저자는 오랜 시간 병원 신세를 진 탓에, 학교생활과 친구관계에 자신감을 잃고 점점 소극적인 성격이 되어 외로운 어린 시절을 보냈다. 고등학교를 졸업한 후에는 백수 겸 재수생활이 길어지면서 더욱 패배의식에 젖었다. 그가 다시 세상 속으로 걸어 나온 것은 스물일곱 늦깎이 대학생활 때부터였다. 그는 자신만의 전략으로 안경산업에 뛰어들었고 성공적으로 안착했다. 국내 최초로 R&D센터를 설립해 미래를 준비하던 그는 '안경은 얼굴이다.'라는 마케팅 콘셉트의 성공으로 레드오션이라 불리던 안경산업에 돌풍을 일으켰다.

자기 개성에 맞는
삶의 전략을 세워라!

허명효 룩옵티컬 대표

Purpose: 삶에 의미를 주는 목표를 설정하라!
Purity: 솔직함으로 신뢰를 쌓아라!
Preparation: 미래를 대비하라!
Personality: 남들과 차별화되는 개성을 살려라!

자기 개성에 맞는 삶의 전략을 세워라!

허명효 룩옵티컬 대표

20년간 안경산업에 몸담으면서 나 자신을 보여주기 위한 기회는 수차례 있었지만, 나는 의도적으로 내 존재를 숨겨왔다. 안경시장에 나만의 철학과 콘셉트를 담은 제대로 된 브랜드를 만든다는 꿈을 이루기 위해서는 그래야만 했다. 마치 멋진 그림을 그리기 위해서는 깨끗한 종이에 아무 낙서도 있어서는 안 되는 것처럼….

그리고 20년이 흐른 지금, 나는 '룩옵티컬'이라는 나만의 그림을 그리기 시작했다. 아직은 밑그림 단계지만 사람들은 갑작스러운 나의 등장과 빠른 속도감에 놀라고 있다. 이 그림의 속도가 빠른 것은 지난 20년 동안 쉬지 않고 내 꿈을 이루기 위해 열정적으로 밑그림 그리는 연습을 해왔기 때문이다.

사람들은 '룩옵티컬'의 밑그림만을 보고 내게 '성공' 했다며 축하해주고 있다. 하지만 지금의 '룩옵티컬'은 내가 생각하는 '성공'의 그림이 아니다. 내가 '룩옵티컬'이라는 그림을 그리기까지 40여 년간 겪어온 시련과 고통과 그것들을 극복하기 위해 쏟은 열정에 비해 아직 완성작이 아니기 때문이다.

지금 나는 내가 열정을 쏟을 수 있었던 이유를 설명하고자 한다. 그것은 내가 성공할 수 있었던 전략이기도 하며 내가 젊은이들에게 던지는 과제이기도 하다.

Purpose: 삶에 의미를 주는 목표를 설정하라!

경남 진주의 남부럽지 않은 가정에서 2남 1녀 중 차남으로 태어난 나는 즐거웠던 유년시절과 달리, 갑작스러운 사건을 겪으며 순탄치 않은 여정에 들어섰다. 초등학교 4학년, 결핵균이 신장에 옮는 신장결핵이라는 병에 걸리면서 병원 신세를 져야 했던 것이다.

요즘에는 쉽게 치유되는 병이지만 당시에는 치료하기가 매우 어려웠다. 신장결핵은 10살의 어린 내게는 견뎌내기 어려운 고통이었다. 만신창이가 된 몸으로 학업을 도저히 지속할 수 없었고, 병원을 자주 찾아오던 친구들은 긴 투병생활에 하나둘씩 멀어져 갔다. 5년이라는 긴 투병생활 끝에 결국 나는 신장 하나를 잃었다. 무엇보다 오랜 투병생활은 '이 몸으로 뭘 하겠어.'라는 패배의식을 내 마음속에 새기며 큰 상처를 남겼다.

간신히 몸을 추스르고 학업에 복귀했으나, 5년간의 투병생활은 극복하기 어려운 공백이었다. 학교에 복귀한 첫날, 내게는 찾아오는 친구도 뒤처진 공부를 가르쳐 주겠다는 친구도 없었다.

나는 수업시간에 오가는 내용을 한마디도 알아들을 수 없어 무의미한 나날을 보냈고 점차 소극적이고 내성적인 아이로 바뀌었다. 결국 학업에 흥미를 느끼지 못한 나는 나쁜 친구들과 학교 밖으로 돌았고, 성적도 바닥권을 벗어나지 못했다.

세상을 보는 눈도 비뚤어졌다. 나 스스로 남들보다 뒤처진 삶을 살게 됐다는 패배의식에 젖게 됐고, 당시 세상 사람들의 시선은 나를 패배자로 낙인찍은 것처럼 느껴졌다. 그래서 나는 싸늘한 주변 사람들의 눈빛을 피하려고 고등학교를 졸업하자마자 부산으로 옮겨와 백수 겸 재수생 생활을 시작했다.

재수생활은 내가 생각했던 대학과 실력 차가 많이 나 더욱 힘들었다. 매년 입시를 마치면 대학에 갈 수는 있었으나 '공부를 몇 년째 해놓고 겨우 이 대학밖에 못 가나?' 라는 말을 들을

까 봐 부담감에 그럴 수도 없었다.

해가 지날수록 점차 공부가 압박으로 느껴졌고, 사람들이 나를 바보로 취급하는 것만 같았다. 따가운 시선을 자주 느끼다 보니 살아도 재미가 없었고, 시간이 지나면 지날수록 점점 더 지쳐갔다. 안 아프게 죽는 방법이 없을까 고민하기도 했고, 너무 힘에 부친 날이면 '여기서 뛰어내려 죽을까?' 라는 생각으로 다리 위에도 수없이 올랐다.

아무런 목표 없이 좌절을 반복하며 그저 그런 시절을 보낸 지 5년째. 내성적이었던 내 성격은 수년간 좌절을 겪으며 더욱 자신감을 잃었고 이 때문에 사회성도 점점 더 없어졌다. 4년제 대학을 갈 수 있을 거란 자신감도 없었고, 만약 대학을 가서 졸업하더라도 많은 나이 때문에 취직할 수 없을 거란 생각에 불안감은 더 커졌다.

'아! 이 나이에 졸업해서 과연 무엇을 할 수 있을까? 사회에 적응하지 못하는 내가 회사에 취업이나 할 수 있을까?'

명확하지 않은 진로와 미래에 대해 한숨짓는 날이 많아졌다. 그래서 남들과는 다른 길을 생각해야 했다.

'회사에 취업하기 어렵다면 조그마한 사업을 하는 게 좋겠는데, 개인사업을 하려면 무엇을 해야 할까?'

이런저런 개인사업을 위한 조건을 찾다가 2년 만에 졸업해 안경사업을 알게 됐다. 그리고 1990년, 27살이라는 늦은 나이에 서울보건대 안경광학과에 입학했다.

나는 현실을 피하고자 안경광학과에 입학했지만, 이때부터 나의 인생에 조금씩 변화가 일어났다. 동생들은 나이도 한참 많고 검은 피부에 알아들을 수 없을 정도로 심한 사투리를 쓰는 나를 신기해했다. 그들의 말은 나를 변화시키는 자극제가 됐다.

"내가 아는 경상도 사람들은 화끈한 성격들이 많던데, 형은 어때?"

"나? 글쎄…."

맥없이 내뱉은 말을 뒤로하고 마음속으로는 '나도 정말 화끈하고 싶고, 너희 앞에서 당당하고 싶어!' 라고 되뇌었다. 그들에게 자극을 받으면 받을수록 점점 나는 그들의 말에 부합하지 않으면 안될 것 같다는 생각이 들었다. 용기를 냈다. 선후배를 가리지 않고 모르는 것은 물어가며 배우고, 대인관계에서 폐쇄적이었던 마음도 조금씩 열기 시작했다.

나이 많은 사람이 들어온 것에 거부감을 보이던 일부 동기들의 눈빛도 조금씩 달라졌다. 나는 점점 사람들 앞에 나서게 됐다. 한번 가슴속에 상상했던 것을 표출하기 시작하니 자신감도 붙고 자리를 리드할 수도 있게 됐다. 결국 나는 그들 앞에 당당히 나섰고 학회장이 됐다.

학회장이란 자리가 별것 아니라고 생각할 수도 있다. 하지만 어린 시절 수업시간에 자리에서 일어나 책을 읽어보라고 하면 뻘뻘 땀을 흘리며 심하게 말을 더듬던 나에게는 정말 최고의 자리로 느껴졌다.

그때부터 세상을 보는 관점이 바뀌었다. 지금까지 계속되던 좌절은 결국 나 스스로 확실한 목표를 세우지 않아 빠져나오지 못했던 것이라는 생각을 하게 됐다. 그렇게 대인관계가 열리고 자신감이 붙자 공부하기도 훨씬 편해졌다. 한참 어린 동생들에게 묻는 것도 꺼리지 않았기 때문에 어려운 내용을 파악하기가 수월했다.

그즈음 우연히 신문에서 우리나라가 점차 발전하면서 안경을 착용하는 사람이 늘고 있다는 기사를 접하게 됐다. 기사를 보면서 내 마음은 요동쳤다.

"그래! 단순하게 안경원을 여는 게 아니라, 안경시장에서 내 이름을 걸고 모든 안경원을 통일해 보는 거야. 그리고 세계로 나가는 거야!"

새로운 목표를 세웠다. 그리고 한번 붙은 자신감을 바탕으로 대학을 졸업하고 1992년 서울 강동구 둔촌동의 한 안과에서 검안사로 사회생활을 시작했다. 그리고 1년 뒤 서울 중앙대 앞에 작은 안경원을 차렸다.

6평짜리 구멍가게에 내 모든 열정을 쏟아부었고, 유통을 잡아야 판매를 좌지우지할 수 있다는 생각에서 안경 유통업으로 사업영역을 확대했다. 유명 외국 브랜드의 안경을 수입해 유통을 시작했고, 이후엔 직접 디자인을 맡아 대구에 있는 안경공장에 생산을 맡기고 제조된 안경을 국내에 유통시키는 역할을 했다. 그리고 20년이 지난 지금 나는 룩옵티컬이라는 국내 최대 안경 유통회사를 이뤄냈다.

인생에서 목표란 시련을 극복하는 원동력이 되기도 하고 삶의 나침반이 되기도 한다. 오늘날의 젊은이들도 현실에 대한 고민으로 미래에 대해 막연한 생각을 하기보다는 명확한 목표를 세우고 그것을 지향하기 위해 충실히 자기 일에 몰두하길 희망한다.

목표를 어디에 두느냐에 따라 시련을 뛰어넘기 위해 자신도 몰랐던 숨은 힘이 발휘된다. 그리고 사회생활에서도 자기가 꿈꾸는 미래를 목표로 하는 사람은 목표 없이 그저 그렇게 살아가는 사람보다 더 많은 능력을 발휘한다. '삶에 의미를 주는 목표 설정', 젊은이들에게 주고 싶은 첫 번째 과제다.

Purity: 솔직함으로 신뢰를 쌓아라!

1993년 '내 이름으로 안경시장을 통일하겠다.' 라는 큰 목표를 가지고 서울 흑석동 중앙대 앞에 처음 열게 된 6평짜리 안경원은 화려한 매장과 다양한 외국 브랜드를 갖춘 다른 안경원에 비해 너무 빈약했다. 돈이 없어서 쇼케이스에 안경을 다 채울 수도 없어 빈자리는 패션 잡지로 메웠을 정도였다.

게다가 나는 안경원을 운영해 본 경험이 없었기 때문에 손님을 어떻게 응대해야 하는지도 몰랐고, 결국 장사 수완이 없는 나는 매출에 대해 깊은 고민에 빠졌다.

'다른 안경원과의 경쟁에서 살아남기 위해서는 어떻게 해야 하지? 나만의 경쟁력은 뭐가 있을까?'

직원과 매일 새벽 2~3시까지 매장 운영에 대한 아이디어를 주고받으며 제품 차별화, 서비스 강화 등 다양한 방법을 생각해내고 실행에 옮겼지만 내가 하는 방법은 이미 기존의 안경원에서 모두 쓰고 있는 전략이었다. 결국 나는 돈으로 살 수 없는 솔직함에 주목했다.

안경시장에 큰 획을 긋겠다는 꿈을 갖고 뛰어든 사업인 만큼 지금 한순간의 이익보다 솔직함을 통해 장기적인 이미지를 쌓아가야겠다고 생각했다. 내 손님들이 정말 자신의 눈에 정확하고 편안하게 착용할 수 있는 안경을 착용하기를, 행여 잘못된 제품을 착용하고 실망이나 불만을 품지 않기를 바라는 마음으로 다가서기로 했다.

다른 안경원이 비싼 제품이 좋은 것이라며 안경에 고객의 눈을 억지로 맞출 것을 강요할 때 나는 고객의 얼굴에 가장 잘 어울리는 안경, 고객의 눈에 가장 잘 맞는 렌즈를 권해주었다. 즉, 고객의 얼굴과 눈에 안경을 맞춰주는 기본에 충실하기로 했다. 안과에서 검안사로 근무하면서 쌓은 렌즈에 대한 지식을 소비자들에게 정확히 설명해주고 비싼 렌즈가 아닌 눈에 정확히 맞는 렌즈를 설명했다. 또한 내게 부족했던 부분인 고객의 얼굴에 가장 잘 어울리는 안경을 골라주는 안목을 키우기 위해 패션 및 다양한 분야를 공부했고 이를 차근차근 실행에 옮겼다.

점차 내 안경원은 '정직하게 안경을 파는 곳'이라는 소문이 나면서 두각을 나타냈다. 내 순수함과 정직함을 통해 손님들은 안경판매의 관계를 넘어 정을 나누고 싶어 하는 모습이었고, 나는 어느새 안경원 사장이 아닌 친근한 친구로 그들을 만나기 시작했다.

솔직함으로 다가서는 내게 고객들은 소소한 가정사부터 개인적인 고민까지 나누지 못할 얘기가 없었고 그들은 내 편이 되어 다른 고객들을 불러왔다. 심지어 안경을 맞추기 위해 예약을 받을 정도로 손님들이 넘쳐나 내 안경원은 전국적으로 유명세를 타게 됐다.

사업하는 사람의 기본은 바로 신용이다. 하지만 대부분의 사람들이 신용의 중요성은 알지만, 신용을 쌓는 데 많은 시간과 노력이 든다며 쉽게 포기한다.

나는 지금도 사업을 운영하는 데 있어서 소비자나 거래처에 믿음을 주지 못하는 기업은 시장에서 낙오될 수밖에 없다는 생각을 하며, 솔직함을 바탕으로 회사를 운영하고 있다. 매장 운영에서도 마찬가지다. 점주에게 겉으로 고객을 위하는 척하지 말 것을 강조하며 솔직함을 통해 고객과 신뢰를 구축하는 게 중요하다고 자주 교육한다.

멋진 사회생활을 꿈꾸는 젊은이들도 마찬가지라고 생각한다. 솔직하지 못한 행동으로 신뢰를 쌓지 못한 상태에서 개인의 능력으로 쌓은 성과는 언젠가 위기가 발생했을 때 쉽게 무너지게 될 것이 뻔하다. 하지만 솔직함이라는 튼튼한 기초를 바탕으로 신뢰를 쌓고 그 위에 개인의 성과를 발휘한다면? 어느 쪽이 진정한 성공이라 인정받을 것인지는 굳이 따져볼 필요도 없을 것이다.

'솔직함을 통한 신뢰 형성', 젊은이들에게 주고 싶은 두 번째 과제다.

Preparation: 미래를 대비하라!

1994년부터 안경 수입 유통사업을 하면서 많은 관련 회사
들이 명품 브랜드 본사의 일방적인 계약종료 통보를 받고 몰
락의 길을 걷다 결국 안경업계를 떠나는 것을 자주 봐왔다. 그
럴 때마다 나는 깨달았다.

"브랜드는 내 것이 아니다. 브랜드가 없어지면 내 인생도 끝
이구나!"

내 운명을 내가 책임지는 게 아니라 남이 책임지는 것처럼
느껴졌다. 이렇게 해서는 안 되겠다는 생각이 들었다. 내 운명
을 개척하기 위해서는 나만의 경쟁력이 있어야 했다. 그래서
대비책으로 단순히 안경을 수입 유통하는 것이 아니라 내가
직접 안경 기획에서부터 디자인, 제조 및 유통에 대한 다양한
경험을 쌓아 위기를 극복할 힘을 미리 길러두는 것이 최고의
방법이라 생각했다. 그 방법으로 명품 브랜드의 노하우를 전
수받아, 내 운명을 내가 책임져야겠다고 다짐했다.

다음 해, 나는 안경업계 최초로 R&D센터를 설립했다. 그리
고 이때부터는 안경을 수입할 때 무조건 브랜드 파워가 강한
회사보다 브랜드 파워는 다소 떨어지더라도 나와 우리 회사가
안경에 대해 많이 배울 수 있는 회사를 선택하는 것을 우선순
위로 삼았다. 이후 나와 회사는 R&D센터를 통해 외국 명품 브
랜드로부터 기술력, 디자인, 유통, 마케팅에서 배울 수 있는 모

든 것을 배웠고, 결국 명품 브랜드들의 디자인 기획에도 함께 하게 됐다. 이후 룩옵티컬 R&D센터가 손을 댄 브랜드는 국내 시장에서 폭발적인 반응을 일으켰고 안경시장의 선두 브랜드로 떠올랐다.

하지만 2005년 말, 외국 명품안경의 국내 수입 유통업을 해오던 룩옵티컬에도 위기가 찾아왔다. 최대 거래처였던 명품A 안경 브랜드 본사가 부도가 난 것. 엎친 데 덮친 격으로 다른 명품 브랜드들도 회사를 거치지 않고 자신들이 직접 한국 시장에 진출하겠다고 통보했다. 이제 남은 브랜드는 펜디와 캘빈 클라인 단 둘밖에 없었다. 누가 봐도 회사는 망했다고 볼 때였다. 전 직원을 회의실에 모았다.

"지금 우리 회사는 창사 이래 최대의 위기에 있습니다. 하지만 우리가 힘을 합쳐 이 위기를 극복한다면 어제보다 나은 오늘, 오늘보다 나은 내일을 만들 수 있고, 앞으로 우리 앞에 닥쳐올 더 큰 위기를 극복하는 소중한 경험이 될 것입니다. 여러분, 올해 매출 300억 원을 이룹시다!"

직원들의 우려와 기대 섞인 눈빛이 내게로 쏟아졌다. 10여 개 브랜드 중 달랑 2개만 남은 상황에서 전년도 매출 320억 원과 비슷한 목표를 제시했으니 직원들의 그런 표정은 당연했다. 하지만 나로선 불안해하는 직원들에게 회사의 앞날이 절대 어둡지 않다는 것, 다 함께 노력하면 밝은 미래가 우리를 기다리고 있다는 희망을 심어줘야 했다. 그리고 나는 이 위기를 헤쳐나갈 자신이 있었다. 왜냐하면, 나는 이 위기를 극복하기 위해 지난 10년간 안경에 대한 모든 것을 배웠기 때문이다. 그리고 회의실에서 내려와 이탈리아 펜디 본사에 전화했다.

"펜디 12만 개를 주문하겠습니다. 지금까지 타 브랜드의 디자인 기획에 참여해 한국 안경시장에서 히트제품을 만든 경험이 있습니다. 이런 노하우를 바탕으로 우리를 디자인 기획에 꼭 참여시켜 주십시오."

펜디 담당자의 전화기에서는 한동안 정적이 흘렀다. 한국이라는 작은 나라 바이어의 엉뚱한 요구를 어떻게 받아들여야 할지 당혹스러워하는 기색이 역력했다. 나는 펜디 담당자가 거절하면 어쩌나 불안했지만, 겉으로는 자신만만한 태도를 유지하려 노력했다. 며칠 후 펜디 담당자로부터 애타게 기다리던 연락이 왔다.

"좋다. 그렇게 해주겠다."

전례가 없는 일이었지만 대형 주문이었기 때문에 펜디는 이를 수락한 것이다. 우리가 기획에 참여해 만든 펜디 안경은 한국시장에서 불티나게 팔려나갔다. 당시 안경시장에서 상위권이 아니었던 펜디는 이 일로 국내 안경시장에서 1위 명품 브랜드로 자리 잡았다. 그리고 우리 회사는, 직원들에게 약속했던 300억 원을 넘어선 332억 원의 매출을 달성해 또다시 주위를 놀라게 했다.

한국이라는 작은 나라의 유통업자가 펜디 본사에 연락해 그런 요청을 하겠다고 생각한 사람은 없었을 것이다. 하지만 나는 경영자로서 회사를 살려야 했고, 이 시련을 극복한다면 경영자로서의 능력을 더 인정받을 수 있을 것이라 여겼다.

이 일을 겪으며 깨달은 것은 인생을 운에 맡기지 말고 인생을 지배할 수 있도록 미래에 대해 준비를 해야 한다는 것이다. 내가 R&D센터를 설립하고 안경에 대해 많은 것을 배울 수 있는 회사를 선택한 것은 안경에 대한 프로세스를 배우지 않고는 안경 유통시장에서 결코 살아남을 수 없다는 위기의식 때문이었다.

지금처럼 변화의 속도가 빠른 시대에서는 기업이나 개인의 미래에 대한 불확실성이 더욱 크다. 이런 시대에 자신의 미래를 운에 맡긴 채 아무런 대비도 하지 않는다면 불확실한 미래는 반드시 본인의 위기로 다가올 것이다. 나는 우연히 다가온 운으로 성공한 사람이 달콤한 현실에 만족하고 방심하다 바로 몰락하게 되는 것을 수없이 봐왔다. 하지만 미래에 대해 준비를 해놓는 사람은 요즘과 같은 불확실의 시대에 고난을 남보다 빠른 속도로 헤쳐나갈 수 있다. 또한 만약 준비해 놓은 것을 위기 시 사용하지 못했다고 해도 결국 새로운 결과를 만들 수 있는 큰 경험을 얻을 수 있을 것이다.

'미래를 위한 준비', 젊은이들에게 주고 싶은 세 번째 과제다.

Personality: 남들과 차별화되는 개성을 살려라!

작은 안경원으로 시작해 안경 유통사업으로 영역을 확장하면서 내가 늘 꿈꿔왔던 사업은 프랜차이즈였다. 현재 국내 안경시장은 대형 유통업체의 점유율이 10%밖에 되지 않으며, 8천개 이상의 프랜차이즈와 개인 영세 안경원이 경쟁하는 전형적인 후진형 유통 구조다. 또한 안경법이라는 보호 장벽 때문에 시장크기와 비교하면 경쟁력이 떨어지는 반면 매장 수는 많고 소비자는 늘지 않는 레드오션 시장이다.

하지만 나는 최근 급성장한 커피나 제빵시장과 같이 브랜딩과 마케팅이 뒷받침된다면 안경시장 역시 새로운 전환기를 열 수 있다는 확신을 갖고 제대로 된 프랜차이즈 사업을 펼쳐야겠다고 판단했다.

그러나 우리 회사는 프랜차이즈 후발업체이고, 소비자들이 과연 생소한 룩옵티컬이란 브랜드에 관심을 보일지가 의문이었다. 하지만 한ㆍEU 자유무역협정(FTA)이 발효되면 경쟁력이 낮은 국내 안경시장은 외국 명품 브랜드에 장악되는 최

악의 상황을 맞게 될 것이라는 판단아래 본격적인 시장개방이 되기 전에 자리를 잡아야겠다는 생각으로 프랜차이즈 분야로의 진출을 선언했다.

하지만 기존 안경업체와 같은 프랜차이즈 운영 방식으로는 시장에 안착할 수 없을 것이 명백했다. 소비자들이 진정으로 원하는 욕구를 찾는 것이 관건이었다. 안경 유통업자가 아닌 소비자의 관점에서 평소 안경점을 이용하며 아쉬웠던 점을 하나하나 생각해봤다. 그러자 레드오션으로 여겨졌던 시장에 틈새가 보이기 시작했다.

첫째, 매일 얼굴에 착용하는 제품인데도 불구하고 국내에서는 안경이 패션 아이템으로서의 역할은 무시된 채 지나치게 기능만이 강조되고 있었다. 물론 안경은 사물을 제대로 보기 위한 품목인 것은 분명하지만 보이는 아이템으로 얼굴을 아름답게 만들어주는 패션 소품도 될 수 있다고 생각했다. 이미 외국 유명 연예인들은 렌즈 없는 안경을 의상과 헤어스타일에 맞춰 안경을 바꿔 쓰고 있었고 국내에서도 패셔니스타들은 렌즈 없는 안경을 쓰면서 자신만의 색다른 패션을 연출하고 있었다.

둘째, 안경원이 지나치게 안경을 맞추기 위한 사람만을 대상으로 운영돼 사람들이 부담스러워 하는 장소가 됐다는 생각이 들었다. 기존 안경원에서는 안경을 고를 때 누가 보면 괜히 창피해지고, 구매에 대한 압박으로 이것저것 마음껏 골라 써보기가 부담스러웠던 것이 사실이었다. 이렇다 보니 안경원은 안경을 쓰는 사람들이 어쩔 수 없이 찾아가야 하는 부담스러운 곳이었고 시장은 정체될 수밖에 없는 구조였다. 이 같은 상황에도 불구하고 안경업계에 몸담고 있는 누구 하나 이를 문제로 생각하는 사람이 없었다.

셋째, 안경의 가격에 대한 소비자들의 신뢰도가 낮았다. 안경원에서 안경을 구매한 소비자들은 정해지지 않은 가격에 손님에 따라 그때그때 달라지는 안경의 가격에 불만이 상당히 높았다. 또한 안경 가격에 지나치게 거품이 많다는 인식이 일반적이었다.

이렇게 세 가지 문제점을 파악한 후, 해결 전략을 세웠다. 이미 경쟁이 치열한 안경의 기능성을 내세우기보다 패션 아이템으로서 안경에 주력해 '안경은 얼굴이다' 란 콘셉트를 마케팅 전략으로 삼았다. 그리고 패션 아이템으로서 트렌드를 이끌어갈 젊은층을 공략하기 위해 안경업계 최초로 아이돌 그룹 2PM과 티아라를 전속모델로 TV, 극장, 신문, 온라인(블로그) 등을 통해 홍보와 광고를 과감하게 시작했다.

또 안경원에 들어오는 것에 부담을 갖지 않도록 개방형 패

선매장에 온 것과 같은 콘셉트를 구성했다. 디스플레이도 일반 안경원과 차별화했다. 종업원에게 안경을 쇼케이스에서 꺼내달라고 해야 하는 일반 안경점과 달리 고객이 입구에 놓여 있는 종이 바구니를 들고 들어가 쇼케이스 위에 전시돼 있는 안경을 써본 뒤 마음에 들면 바구니에 담을 수 있도록 했다. 종업원은 있지만, 고객에게 구매를 권유하지 않고 고객이 찾을 때만 와서 도움을 주도록 했다. 또한 안경원에서 클럽파티나 문화공연을 열고, 소비자들이 안경원을 만남의 장소, 노는 장소, 시간을 보내는 장소로 활용하도록 했다.

마지막으로 안경테 가격을 12,500원까지 낮추고 전 제품에 대해 정찰제를 시작했다. 오랫동안 외국 명품 브랜드들에 안경 디자인을 제안해온 경험이 있는데다 국내 최대 유통기업으로서 대량 오더를 통해 획기적으로 원가를 낮출 수 있었다. 소비자들은 자신들이 좋아하는 모델이 CF에서 쓰고 나온 안경이 12,500원이라는 사실에 놀랐고, 가격이 이 정도면 싼 티 나는 디자인을 연상하기 마련이지만 디자인과 품질은 고급스러운 느낌의 제품으로 만들었다.

12,500원짜리 안경이 패션 아이템으로 인식되고 개방형 매장에서 판매되기 시작하자 시장의 반응은 폭발적이었다. 소비자들은 예기치 못한 장소에서 부담 없는 가격의 패션 아이템으

로서의 안경에 놀라워했다. CF에서 닉쿤이 쓰고 나온 12,500원짜리 안경은 '닉쿤안경'이라 불리며 한 달 만에 1만 개 판매를 돌파했다. 안경업계와 언론에서도 신선한 충격으로 받아들였다. 침체돼 있던 안경시장에 회사는 화젯거리를 제공하며 뛰어든 셈이었고 그 덕분에 성공적으로 안착할 수 있었다.

안경 프랜차이즈 후발주자였던 룩옵티컬이 시장에서 성공할 수 있었던 전략은 바로 룩옵티컬만의 개성을 만들었기 때문이다. 안경의 기능보다 패션 아이템으로서의 가치에 주목했기에 남들과 다른 개성을 나타낼 수 있었고, 새로운 개성을 나타냄으로써 유통방식과 가격 차별화에 성공할 수 있었던 것이다. 어떻게 하면 남과 다른 것을, 남과 다른 방식으로 해결할 수 있을까 하는 생각이 룩옵티컬만의 개성을 만들어낸 힘이었다.

나는 사람에게 있어서도 남들과 다른 개성을 만드는 것이 중요하다고 생각한다. 취업을 위해 멀티플레이어가 되려 노력해왔다는 대부분의 스펙 좋은 젊은이들에게 질문하면 천편일률적으로 교과서와 같은 대답을 한다. 그들에게 취업 분야와 관련해 심도 깊은 몇 가지 질문을 던지면 뿌리 없이 보여주기 위한 스펙 쌓기에만 주력해왔다는 것을 쉽게 알 수 있다.

물론 회사에 들어와 다양한 부서에서 업무를 무난하게 처리하는 것도 좋지만 결국 남들과 다른 개성을 가지고 자기분야에서 독창적인 성과를 나타내는 직원이 진정한 인재로 평가받게 되어 있다. 세상으로부터 주목받고 시장을 이끌어온 사람은 자신만의 개성을 세우고 차별화된 전략을 펼쳐 성공한 사람이다.

'나만의 개성을 가져라', 세상을 이끌어가야 할 사람이 명심해야 할 네 번째 과제다.

지금까지 말한 나만의 4P 전략, 'Purpose', 'Purity', 'Preparation', 'Personality'는 '남들보다 실력과 능력은 조금 뒤처지더라도 열정만큼은 절대로 지지 않겠다.'라는 내 좌우명처럼 열정, 바로 'Passion'이 바탕이 됐기 때문에 가능했다. 이 순간 고난을 겪으며 힘들어하는 사람, 작은 실패로 좌절하는 사람, 그리고 지금보다 더 밝은 미래를 꿈꾸는 사람에게 내 삶의 이야기가 조금이나마 힘이 되었으면 좋겠다.

그리고 지금 잠시 좌절했더라도 언제든지 인생은 바꿀 수 있다는 것을 명심했으면 한다. 20대까지 나의 인생은 이 책을 읽는 젊은이들보다 비참했지만, 열정을 가지고 삶의 태도를 바꿔가면서 30대부터의 인생은 완전히 바뀌었다.

아직 늦지 않았다. 삶의 태도를 바꿔가겠다는 열정(Passion)만 있다면!

정철상 인재개발전문가

저자는 어린 시절 버려진 버스에서 살 만큼 가난했다. 학교 성적은 바닥권이었고 끼니 챙기기도 어려운 생활에 대학 입학은 꿈도 못 꿨다. 스무살 때 봉제 직공이 되었다가 부모님 고집으로 겨우 야간대학교에 진학했다. 제대 후 300여 회사에 지원했지만, 모조리 탈락하고 겨우 입사한 첫 직장에서도 2년 만에 해고당해 실직자가 됐다. 이후 무역, 엔지니어링, 해외영업, 기술영업, 인터넷 비즈니스 등 30여 가지 직업을 전전했는데 이때의 경험을 토대로 국내 최고의 인재개발전문가가 되었다.

인생 역전은
지금부터 시작이다

정철상 인재개발전문가

1. 봉제 공장 직공부터 대학교수까지

2. 거듭되는 입사 탈락으로 양치기 소년이 되다

3. 첫 직장, 누구에게나 역경은 있다

4. 계속되는 낙방, 그리고 해고

5. 정면으로 돌파해야 해결될 수 있다

6. 서른 번 직업을 바꾼 이유?

인생 역전은 지금부터 시작이다

정철상 인재개발전문가

나는 가난한 집안 형편과 지방대학교 출신에 재능도 스펙도 보잘것없는 청년 시절을 보냈다. 덕분에 요즘만큼 취업이 어렵지 않았던 시대였음에도 셀 수 없이 많은 기업에서 미끄러졌다. 300번의 입사 탈락을 경험했고, 겨우 취업한 직장에서 해고당하기도 하고, 서른 개가 넘는 직업을 전전했으며 모든 재산을 다 날리기도 했다.

그러나 돌이켜보면 그 모든 실패가 내 삶의 자양분이 되었다. 그 많은 실패 덕분에 지금은 가장 경험이 많은 인재개발전문가로서 전국 대학과 기업에서 인기강사로 활동하고 있기 때문이다.

봉제 공장 직공부터 대학교수까지

봉제 직공, 우편물 분류, 전단지 배포, 아트 디자이너, 개인 교사(영어), 직업군인, 외신 기자, 영상 번역/영상 편집, 기술영업, 국내 영업 관리(지사장), 해외 프로젝트 PM(선박HVAC 시스템 해외 구매담당), 도서 판매 영업사원, 다단계 판매원, 인맥 네트워크 창업, 소프트웨어 해외 마케터, 무역 영업, 리크루터, 헤드헌터, 아웃소싱 전문가, 외국인 채용, 기획/사업기획, 웹 기획/웹 마케터, 대학 강사/산업 강사, 기업 면접관, 커리어 코치, 상담가(진로 상담), 작가, 칼럼니스트, 파워 블로거, 대학교수, 1인 기업가….

내 기억으로도 정확히 헤아리기 어려울 만큼 참 많은 직업을 거쳤다. 대략 30여 가지 직업을 경험했고, 직장으로는 20여 곳쯤 된다. 엄청나게 옮겨 다닌 셈이다. 그러나 파트타임으로 일한 직장과 계약직, 임시직을 빼면 정규 직원으로 일한 곳은 20여 년의 경력 중 대략 10여 곳이다. 이 정도 숫자만으로도 우리 세대에선 엄청나게 이동한 셈이다. 한 직장에서 10년은 너끈히 근무하는 분위기가 일반적이었으니 말이다.

부모님 농사일을 거든 것 등 일일이 따지자면 앞에 나열한 직업보다 더 많은 직업을 경험했다고 볼 수 있다. 나는 명함이나 프로필에는 서른 가지의 직업 경험에 관한 내용의 문구를 넣는다. 왜냐하면 '봉제 직공에서 대학교수까지 30여 직업을 거친 인재개발전문가'라는 문구는 나를 가장 함축적으로 잘 보여주는 말이기 때문이다.

그럼에도 신문 배달, 자장면 배달, 공사장 막일, 서빙, 엑스트라 등의 좀 더 다양한 경험을 했으면 하는 아쉬움이 있다. 또 내가 갖고 싶었던 직업인 모델이나 영화감독, 시나리오 작가, 방송 진행자, 비행기 조종사를 못해본 아쉬움도 있다.

거듭되는 입사 탈락으로 양치기 소년이 되다

나는 제대 후에 취업 준비를 본격적으로 시작했다. 태어나서 처음으로 정신을 바짝 차리고 제대로 공부하는 느낌이었다. 하지만 공부가 어디 하루아침에 되겠는가. 전공이 영어였지만, 내 수준은 정말 엉망이었다. 외국인의 말을 한마디도 못 알아듣는 형편없는 실력이었다. 그래서 무엇보다 영어 공부를 열심히 해봐야겠다는 결심을 했다. 전공이 영어인데 영어를 포기하면 어떤 공부도 할 것이 없겠다는 생각 때문이었다.

남들처럼 영어 책만 붙들고 있는 것보다는 실용영어를 해보고 싶었다. 그래서 큰맘 먹고 복학 전에 학원에서 2개월간 초급 회화 과정을 들었다. 복학 후에는 외국인 강사 수업이란 수업은 모조리 수강했다. 수강 범위가 넘어 정식 수강이 안 되는 과목은 외국인 강사의 양해를 얻어 청강 형식으로 수업에 참관했다. 그렇게 해서 외국인 강사들과 친해지고 나니 영어가 점점 편하게 느껴졌다.

어느덧 4학년 2학기에 접어들었고 취업 시즌을 맞았다. 1학기에 몇 번의 입사 기회가 있었지만, 중소기업이라 내키지 않았다. 대기업으로 향한 꿈에 잔뜩 부풀어 있었기 때문이다. 지금 생각해보면 주제 파악도 못하는 터무니없는 헛바람이었지만, 그땐 다들 그랬다. 지금보다 대기업 입사 여건이 쉽기도 했다.

내로라하는 대기업에 모두 원서를 냈지만, 아니나 다를까 줄줄이 낙방이었다. 대부분 서류도 통과하지 못했다. 하지만 토익 점수도 낮고 학점도 낮았기에 그렇게 크게 실망하지는 않았다. 입사 지원 과정 자체도 재미있다고 생각했다. 하지만 탈락 횟수가 수십 회에 이르자 점점 마음이 초조해졌다.

같은 해 졸업하는 뛰어난 여자 후배가 있었다. 학점 4.3가량에 토익 965점, 영어웅변대회 1위 입상 경험 등 소위 ‘스펙 좋은 재원’이었다. 게다가 영어 발음도 좋고 성격도 활달하고 적극적이라 기업으로서 환영할 만한 인재라고 생각했다. 그런데 이 후배도 나처럼 대기업 문턱에서 번번이 고배를 마시고 있었다. 심지어 서류통과조차 못하는 경우도 많았다.

"선배, 나 벌써 열번이나 탈락한 것 같아. 서류 한 번 통과 못 했어. 어떻게 서류 한 번 통과 못하냐⋯. 지방대 차별 너무 심한 것 아냐?"

말로만 듣던 지방대 여대생의 이중 차별이라는 생각이 들었지만 달리 위로해줄 말이 없었다.

"잘 될 거야. 좀 더 기다려보자⋯."

나 역시 그 후배 이상으로 입사 지원에서 탈락하고 있었다. 그래도 선배였기에 어떤 말이든 위로의 말을 던져야 했다.

그 후로도 나는 200여 회 이상 입사 탈락을 겪었고 어느새 12월이 되자 마음은 더욱 초조해져 갔다. 반면에 그 무렵 후배는 모 그룹사에 채용이 확정됐다.

매번 능력이 없어서 탈락했다고 말하기 민망했다. 그래서 회사 조건이나 환경이 마음에 안 들어 내가 입사를 거절했다는 식의 구질구질한 변명을 늘어놓기도 했다. 그러다 급기야는 모 그룹 공채 시험에 합격했다고 거짓말을 해버렸다.

사실 나는 그 그룹의 최종 면접에서 탈락했다. 하지만 당락을 물어보는 사람들에게 합격했다고 뻔뻔하게 거짓말을 했다.

자존심 탓에 양치기 소년의 길을 걷게 된 것이다. 부모님에게 조차 합격했다고 말했고, 심지어는 나 스스로에게조차 합격했다고 자기 암시를 걸 정도였다.

그룹 공채에 채용되면 보통 이듬해 2월경에 입사를 하게 된다. 그래서 나는 그때까지 반드시 다른 곳에라도 취업하겠다고 마음먹었다. 안 그러면 거짓말이 탄로날 것이기 때문이었다.

그러던 중 모 방송국에서 외국어 능통자를 찾는다는 의뢰가 학교 취업보도실로 들어왔다. 외국어 잘하는 졸업생 3명을 추천해달라는 요청이었다.

내 외국어 수준으로 상위 추천자 순번에 들어가기에는 어림 없었다. 그럼에도 내가 3명의 추천인 안에 포함됐다. 외국인 강사들과 부지런히 함께 다녀서인지 내가 영어를 잘한다는 소문이 나돌았던 모양이다. 그 덕분에 졸업 전부터 일을 시작할 수 있었다. 모 그룹에 합격한 여자 후배도 방송국 일에 매력을 느껴서 같이 일하기로 했다. 후배야 실력이 좋았으므로 당연히 최상위 추천이었다.

후배는 여유 있게 말했다.

"선배, 우리 재미 삼아 일해 보다가 이 일이 아니라고 생각되면 그때 그만두고 서울로 연수받으러 가자."

12월이었으니 연수가 시작되는 2월까지는 어느 정도 여유가 있었다. 후배는 내가 모 그룹에 채용된 것으로 알고 있었기 때문에 그런 말을 한 것이었다. 하지만 나에게는 되돌아갈 길이 없었다. 방송국 일이 좋은 근무 조건은 아니었지만 무조건 일에 매달릴 수밖에 없었다.

그럼에도 합격한 후배에게 뻔뻔하게 대답했다.

"그래, 그러자."

첫 직장, 누구에게나 역경은 있다

그렇게 대학 졸업을 바로 코앞에 두고 가까스로 첫 직장에 들어갔다. 지방 방송국이었다. 방송국 일은 아침 7시에 출근해서 자정이 넘어서야 끝나곤 했다. 게다가 3일에 한 번씩은 밤샘을 해야 하는 강행군의 연속이었다. 결국 후배는 한 달도 못 버티고 그만두었다.

'나도 그만둘까?' 하는 생각이 들었다. 하지만 후배처럼 돌아갈 곳이 없던 나는 계속 일에 매진할 수밖에 없었다.

내가 하는 일은 주로 외신 뉴스를 번역하고 우리말로 기사를 작성하는 일이었다. 그런데 내가 악필이라 가끔 나 자신이 번역해놓은 글도 못 알아볼 때가 있다. 다른 사람에게 건네주려면 번역본을 워드 작업으로 변환해야만 했다. 당시는 내가 독수리 타법이어서 번역하는 시간보다 워드로 변환하는 데 시간이 더 걸렸다. 1년쯤 지나자 독수리 타법에서도 벗어났다.

직장을 다니면서 학교 다닐 때에 비해 영어 실력도 제법 늘었다. 외신 뉴스를 주로 다뤘으므로 국제적인 감각도 익혔다. 국제적인 감각뿐 아니라 정치, 경제, 사회적 현상과 더불어 다양한 분야의 정보와 지식까지 접할 수 있었다.

방송국에 들어온 지 두 달가량 되었을 즈음에 아나운서 한 명이 들어왔다. 수백 대 일의 경쟁률을 뚫고 들어왔다는 풍문이 들렸다. 이제 정식으로 방영될 첫 방송을 앞두고 있었다. 부서의 모든 인원이 세팅되자 일은 더 바쁘게 돌아갔다.

아나운서는 소위 명문 S대 출신이었다. 서울이 고향인데다가 음악까지 전공해서 그런지 목소리가 낭랑하고 아름다웠다. 호기심 많고 말하는 것도 좋아하는 밝고 명랑한 사람이었다. '아나운서로서 제격이다.' 라는 생각이 들었다.

며칠 뒤 드디어 첫 방송이 시작됐다. 어설프게 만들어놓은 듯했던 프로그램이 텔레비전을 통해 나오자 감회가 남달랐다. 힘들게 산 정상에 오른 듯한 기분이었다.

그렇게 꿈같던 방송 첫 주가 정신없이 지나갔다. 그런데 금요일 오전 회의에서 감독이 말했다.

"오늘 녹화 후 아나운서 해고되니깐 그렇게 알라고."

"네? 왜요?"

"목소리가 방송용으로 적합하지 않다고 하네. 그리고 위에서 그러는 데 좀 싹수가 없다나 뭐라나."

"…"

그렇게 신입 아나운서의 해고 사실을 미리 알게 됐다. 하지만 녹화전이라 차마 말을 건네지 못했다. 그녀는 녹화가 끝나고서야 해고 통보를 받고 부서 직원들에게 이별을 고했다.

"저… 오늘부로 그만두게 됐어요."

그녀는 눈물을 뚝뚝 흘렸다. 안쓰러웠다. 아무리 신입 아나운서라고 해도 너무한다는 생각이 들었다.

사회 나와서 처음으로 보는 해고 상황인지라 어떤 말로 위로해야 할지 몰랐다. 무엇보다 놀라운 것은 학생운동을 할 때의 열정이나 불타던 의협심이 일어나지 않는다는 점이었다. 부끄러웠다. 사실 내가 그렇게 따진다고 아무것도 달라질 것이 없겠다는 핑계를 마음속으로 되뇌었다. 한편으로는 정말 냉정한 것이 사회라는 것을 피부로 실감했다.

다음 주 월요일에 새로운 아나운서가 바로 들어왔다. 며칠 지나지도 않아서 아무 일도 없던 것처럼 방송은 정상적으로 돌아갔다. 직장에서는 그런 일이 비일비재하게 일어났다.

그렇게 1년의 세월이 눈 깜짝할 사이에 지나갔다. 업무 노하우가 많이 쌓여서 그전만큼 오랜 시간 동안 근무할 필요도 없어졌다. 번역 속도나 기사 작성 속도, 편집 속도가 모두 빨라졌기 때문이다. 아침 7시에 출근해서 자정이 돼서야 퇴근하던 나는 1년이 지나자 9시에 출근해 6시에 퇴근하면서도 오히려 더 많은 일을 해낼 수 있었다.

계속되는 낙방, 그리고 해고

일도 익숙해지고 편안한 직장생활이 이어졌다. 문득 편할 때 더 준비해야겠다는 생각이 들었다. 다행히 시간적으로 여유가 있어서 출근 전에 수영도 하고 일본어 수업도 들었다. 그리고 퇴근 후에는 정식 기자 시험을 준비하기 위해 도서관으로 향했다.

말이 좋아 기자지 사실상 내 업무는 번역사나 다름없는 역할이었다. 게다가 정식 직원이 아니라 외주 직원이었기 때문에 나 역시 언제든지 해고당할 수 있었다. 그래서 정식 기자로서의 전환을 꿈꾸며 언론 고시에 매달렸다.

MBC, KBS, SBS 등 중앙 방송과 더불어 중앙 일간지 신문기자 시험에도 차례로 응시했다. 하지만 다수의 언론사 시험에 서류도 통과하지 못하고 탈락했다. 서류를 통과해도 필기시험에서 모두 낙방했다. 대학교 때 무수하게 입사 탈락하던 비참한 기분이 또다시 엄습했다.

지방 방송과 신문사에도 지원해봤지만 역시 탈락의 고배를 마셔야만 했다. 앞으로 내 미래가 해고된 아나운서와 같은 운명이 되지 않을까 하는 불길한 예감이 들었다. 그때가 1997년 5월경이었다.

'폭풍 속의 고요' 라는 말도 있듯이, 편하고 안락하다고 느껴질 때 예기치 못한 큰 사건이 벌어지기 마련인가 보다. 내가 맡은 방송 프로그램의 광고가 줄어들기 시작했다. 이상한 일이었다. 우리 프로그램인 외신 뉴스는 지방의 프라임 타임 뉴스로 광고가 매회 풀타임으로 가득 찼었기 때문이다.

우리 프로그램뿐 아니라 방송국 전체 프로그램에 광고가 하나둘씩 줄어들었다. 영업 활동을 제대로 하지 못한 책임으로 광고국장이 해고됐다. 하지만 여름이 되어도 광고는 지속적으로 줄어들기만 했다. 이번에는 편성국장에게 책임을 물었다. 그러자 국장이 방송국을 박차고 나가버렸다.

그해 9월, 풀타임으로 차던 광고가 한두 개만 남고 모두 사라져버렸다. IMF 경제위기가 눈앞에 현실로 나타난 것이다. 방송국 직원들은 그제야 국가적 외환 위기라는 사실을 알게 됐다. 방송이라는 것이 빠를 것 같지만 때로는 그렇게 둔감할 때도 있다.

경영진에서 여러 가지 결정을 내린 것으로 보였다. 몇 주일

뒤 대대적인 조치가 단행됐다. 상당량의 방송 제작이 중지됐다. 방송은 돈이 많이 들지 않는 영화나 재방송, 외주 프로그램 등으로 대체됐다.

직원 중 40~50%에 가까운 인원이 구조조정으로 직장을 잃었다. 남아 있던 정규직 직원들도 퇴직금을 모두 정산했다. 또한 일정 부분의 연봉이 동결되거나 삭감됐다.

내가 진행하던 방송 프로그램도 제작 중단이 결정됐다. 그리고 외주 제작팀 전체가 10월 20일 자로 해고 통지를 받았다. 통보받은 날로 채 보름도 안 남은 상황이었다. 둔기로 한 대 얻어맞은 느낌이었다. 아무 생각도 떠오르지 않았다. 그저 멍했다.

해고 통보를 받은 날, 친구들이 방송국에 놀러 왔다. 몇 주 전에 친구들이 여자 친구를 소개해준다며 약속한 것을 내가 깜빡한 것이다. 친구들에게 해고 통보를 받았다는 말을 차마 꺼내지 못했다. 그럴 정신도 없었다.

친구들을 태우고 차를 몰아 약속 장소로 향했다. 친구들은 내 사정도 모르고 신이 나서 고함을 질러댔다.

"이랴, 이랴, 달려라, 달려. 빨리 달리란 말이야. 이 자식아."

나는 마치 의식 세계가 정지된 듯 멍한 상태로 정신없이 차를 몰았다. 시내의 한 교차로에서 70~80도에 가깝게 우회전을 하는데도 내 차량의 속력은 70km를 넘고 있었다. 속력을 미리 늦췄어야 했다. 그러나 늦추기엔 이미 늦었다.

신호등이 노란불로 바뀌자 내 앞 차량이 급정거를 했다. 나는 그 차가 그대로 신호를 통과할 것으로 판단한 탓에 방어 운전을 하지 못했다. 보통 때라면 설령 앞차가 급정거하더라도 비켜갈 수 있었을 것이다. 하지만 당시의 정신 상태로는 무리였다. 결국 쿵 하며 앞차를 들이받고 말았다.

다행히 앞뒤 차량의 사람들은 모두 무사했다. 앞차가 운전 미숙으로 급정거한 부분도 있었지만 내 과실이 더 크기에 앞차 수리비까지 모두 물어주게 됐다. 내 차는 보닛부터 거의 모조리 망가져 중고차 한 대 값이 수리비로 들어갔다.

이런 상황에서 뒷좌석에 타고 있었던 친구들의 행동은 나를 당황스럽게 만들었다.

"어, 이 차로 못 가겠네. 네가 천천히 수습해라. 약속 시간이 다 되어서 우리는 가야겠다." 그 자리를 떠나는 친구들의 뒷모습을 보며 친구가 아닌 원수 같은 생각이 들었다. '야속하다' 란 생각도 들었지만 지금도 연락하며 잘 지내고 있다. 그것이 또 친구가 아닌가 하는 생각도 든다. 그 친구들은 그때의 사건을 기억이나 하고 있을지. 여하튼 그렇게 나 혼자 사고 처리를 했다.

보름 뒤 부서는 예정대로 폐쇄됐고 부서 전원이 해고됐다. 물론 나 역시 직장을 잃었다. 너무도 뼈아픈 해고 경험이었다.

정면으로 돌파해야 해결될 수 있다

'다시는 힘이 없어 무너지는 일은 없을 것이다.'

해고를 계기로 나는 마음 깊이 굳은 다짐을 새기고 또 새겼다. 실업자 신세가 됐지만 되돌아보면 그때의 경험이 나에게는 큰 교훈을 남겼다.

사실은 방송국에서 구조조정을 당한 뒤 한국을 떠나고 싶은 마음에 사로잡히기도 했다. 그 전에 혼자 여행을 떠나 과거를 되돌아보기로 했다. 그러나 여행을 떠난 지 불과 사흘도 안 돼서 외로움이 밀려들었다.

'이런 마음상태로 어떻게 외국에서 홀로 견디며 살아갈 수 있을까?'

여행길에 유일한 동행이 되어준 하늘을 보며 한숨을 지었다. 그리고 세상에 대한 원망으로 허공에 욕을 해댔고 우울한 심정에 빠져들었다.

그러다 불현듯 '내가 처한 지금의 환경을 정면으로 돌파하려고 시도하고 있지 않다.' 라는 생각이 들었다. 나는 방송국 일을 그만두고 무기력하게 손을 놓고 있었던 것이다. 다른 회사에 입사 지원도 제대로 하지 않았다.

나는 문제를 뒤로 미루고 피하고 있는 나 자신을 발견했다. 외국만 나갔다 오면 잘 될 것이라는 결심이 사실은 막연한 도피였다는 것을 깨달았다. 이 때문에 한국을 뜨고 싶은 마음에 떠났던 여행은 '내게 주어진 취업이라는 문제를 정면으로 돌파해보자.'라는 다짐을 하게 된 계기가 됐다.

여행에서 돌아온 나는 평소엔 거들떠보지도 않았던 영업직에 지원했다. 엔지니어 출신의 기술영업직이라 여러 가지 조건이 까다로웠다. 이공계 관련 경력도 없었고, 관련 전공자도 아니었고, 관련 자격증도 없고, 어학 능력도 달려 채용 조건이 안 됐다.

하지만 나는 군대 생활 경험과 방송국 경력을 바탕으로 도전정신을 강조해서 채용될 수 있었다. 만일 조건이 안 된다고 지레 포기했더라면 기회는 더 줄었을 것이다. 이때 익혔던 영업직 경험이 내 삶의 패러다임을 전환했다. 이후에는 어떤 일을 하더라도 어떠한 제한도 두지 않고 모든 일에 도전하고 전력을 다하기로 결심할 수 있었기 때문이다.

서른 번 직업을 바꾼 이유?

어느 날 강의가 끝나고 한 학생에게 질문을 받았다.

"그렇게 여러 번 직업을 바꾼 이유가 궁금해요. 선생님 나름의 철학이 있기 때문에 그런 거죠?"

하지만 미안하게도 학생이 기대했던 그럴듯한 직업 철학 같은 건 없다. 무엇보다도 능력이 부족했던 탓에 옮길 수밖에 없는 상황도 있었기 때문이다. 요즘의 청년들처럼 나 역시 입사 지원에서 수없이 고배의 잔을 마셔야만 했다.

사실 내가 원했던 대다수의 좋은 기업들은 나를 원하지 않았다. 그래서 '어떤 기업이든 나를 원하는 기업이 있다면 기꺼이 일하겠다!' 라고 다짐했다. 나를 받아준다면 그곳에서 빛을 발하기 위해 노력하는 것이 최고의 가치라고 생각했다.

남들은 조건이 안 좋다고 투덜거리는 회사에 입사해도 부족한 나를 받아준 것만으로 감사했다. 그랬기에 내가 맡은 모든 일에 충실하려고 노력했다.

여기저기 직업을 옮겨 다니다 보니 주변에서는 '일자리 하나 잘 옮긴다.' 하고 말하는 사람도 있었다. 내가 별 고민 없이 옮긴다고 말하는 친구들도 있었다.

"제발 정신 좀 챙기고 한 곳에 붙어 있어라."

"너는 언제 철들래?"

물론 나를 걱정해서 하는 말이다. 사실 친구들이 걱정할 만큼 내 청년 시절은 오리무중이었다. 직업을 여러 차례 바꾸다 보니 취업사이트에 자주 들락거렸고 그 중에 자사 직원을 모집하는 광고를 보고 한 회사에 지원했다.

다른 회사였다면 직장을 자주 옮겨 다닌 경력을 싫어했을 것이다. 그런데 이 회사는 오히려 다양한 경력을 경험이 많은 것으로 평가해주었다. 그렇게 HR(인적자원) 관련 분야에서 일을 시작해 이 분야에서 일한 지 어느새 10년이 훌쩍 넘었다. 내가 쓴 책(<서른 번 직업을 바꿔야만 했던 남자>,<심리학이 청춘에게 묻다>,<가슴 뛰는 비전>등)으로 이 시대 청년들에게 작은 용기를 심어줄 수도 있었다.

직장생활을 시작할 당시만 해도 여러 가지 부족하고 어리석은 면이 많았다. 하지만 여러 직업을 거치면서 다양한 경험을 쌓은 것이 오히려 내 인생에 전화위복이 됐다. 실전 경험이 풍부한 '진로 전문가'가 될 수 있었던 것도, 다양한 연령의 수강생들과 공감대를 금방 형성할 수 있는 것도 모두 다양한 분야를 경험한 덕분이리라.

사람들은 나에게 다른 직업을 더 가져볼 생각이 있느냐고 묻곤 한다. 나는 지금 현재 일을 천직이라고 생각하고 죽을 때까지 일할 각오를 하고 있다. 하지만 도전할 만한 일이 있다면 언제든 도전할 것이다. 도전하는 자에게만 주어지는 황홀한 희열감을 지금까지 맛봐왔기 때문이다.

누구에게나 역경은 있다. 하지만 그것을 어떻게 받아들이고
변화시키는가는 역경이라는 환경이 아니라 바로 우리 자신의
몫이다!

희망 멘토 11인의 백수 탈출기

초판 1쇄 발행 | 2011년 10월 25일

지은이 | 조우종 외

발행인 | 박정찬
편집인 | 박노황
주　간 | 김용윤
편집·진행 | 임창운 설진호

발행처 | (주)연합뉴스
주　소 | 100-210 서울시 중구 수하동67 센터원빌딩
　　　　　www.yonhapnews.co.kr

기　획 | 봄날의기록
교정·교열 | 홍혜자
편집 및 표지 디자인 | 지엔미디어 (02)337-1325
인　쇄 | 삼화인쇄 (02) 850-0797

정　가 | 12,000원
구입문의 | (02)398-3590~3

ISBN : 978-89-7433-101-6-13040